抓住敏感期

读懂孩子的心

丹妮郭 / 编著

中国轻工业出版社

图书在版编目（CIP）数据

抓住敏感期　读懂孩子的心 / 丹妮郭编著. —北京：中国轻工业出版社，2021.2
ISBN 978-7-5184-3272-1

Ⅰ．①抓… Ⅱ．①丹… Ⅲ．①儿童教育－家庭教育 Ⅳ．①G782

中国版本图书馆CIP数据核字（2020）第226319号

责任编辑：关　冲　付　佳
策划编辑：付　佳　　　　　责任终审：张乃柬　　封面设计：王超男
版式设计：王超男　　　　　责任校对：晋　洁　　责任监印：张京华

出版发行：中国轻工业出版社（北京东长安街6号，邮编：100740）
印　　刷：三河市国英印务有限公司
经　　销：各地新华书店
版　　次：2021年2月第1版第1次印刷
开　　本：880×1230　1/32　印张：6.5
字　　数：200千字
书　　号：ISBN 978-7-5184-3272-1　定价：39.80元
邮购电话：010-65241695
发行电话：010-85119835　传真：85113293
网　　址：http://www.chlip.com.cn
Email：club@chlip.com.cn
如发现图书残缺请与我社邮购联系调换
200917Y1X101ZBW

序

敏感期，孩子一生的起点

为什么小婴儿特别爱吃手？为什么孩子会突然喜欢捏地上的小东西？为什么孩子刚学走路就喜欢走坑坑洼洼的道路，而且哪儿脏往哪儿走？为什么三四岁的孩子会突然开始说脏话，还喜欢自言自语？……对于初为父母的人来说，孩子的世界真是神奇又难以理解。

其实，孩子有这些行为一点儿都不奇怪，因为这都是其进入某个敏感期的典型表现，几乎每个孩子都会经历。

"敏感期"这个概念，最早是由荷兰生物学家德弗里提出的。他在研究动物成长时发现，在初期发育阶段，动物在某些方面会表现出一种对外界影响的特殊敏感性，于是他就把这个时期称为动物的敏感期。

后来，世界著名儿童教育家玛丽亚·蒙台梭利在长期与儿童的相处中发现，在儿童的成长过程中也会出现同样现象，于是提出了"儿童敏感期"这个概念，并将它运用在幼儿教育上。

蒙台梭利认为，孩子在 0～6 岁的成长过程中，当敏感力产生时，孩子的内心会有一股无法遏制的动力，驱使他们对某些特定事物产生尝试或学习的热情，并不厌其烦地重复，直到另一个敏感期到来。在这种不断更替的节奏感刺激之下，孩子会带着旺盛的好奇心去征服周围的世界，这个过程会让他们感到快乐和满足。

敏感期对孩子的成长和心理发育影响巨大。处在敏感期的孩子具备一种神奇的力量，他们无时无刻不在成长和创作，他们的内心正紧锣密鼓地上演着一场场戏剧。父母可能对此现象无所察觉，然而它真实存在着。在孩子的心灵深处，这种力量在不断地生长，有时会充满孩子的整个童年。

在这个阶段，要尊重孩子内心的创造力，要不动声色地给予孩子想要的东西，这样，孩子长大以后才会拥有健全的性格和美好的人生。反之，如果对孩子进行太多的干涉、否定、斥责、打骂，就会让孩子对创造工作失去兴趣，半途而废，这将严重影响孩子各种能力和健康性格的养成。

目录

绪言
提前做好准备,迎接孩子的敏感期   9

Part 1
认知敏感期,陪孩子一起探索世界(0~6岁)

视觉敏感期:用眼睛初识这个世界   14

听觉敏感期:用耳朵倾听这个世界   17

口腔敏感期:用嘴巴"尝尝"这个世界   21

手部敏感期:用小手摸摸这个世界   25

行走敏感期:用小脚丈量这个世界   29

空间敏感期:哦,世界原来是立体的   32

Part 2
语言敏感期,别让孩子错过说话的好时机(0~6岁)

语言敏感期:别忽视孩子"咿咿呀呀"的"婴语"   36

孩子"鹦鹉学舌",家长别泼冷水   40

孩子诅咒骂人,家长无须太紧张   43

孩子自言自语,家长不要急于打断   47

孩子变"小结巴",家长不要怕   50

不要让孩子对说话失去兴趣   53

Part 3
社会规范敏感期，教会孩子懂规矩（2.5~6 岁）

社会规范敏感期：想让孩子守规矩，先让他懂规矩　57

给孩子定规矩，家人要先统一意见　60

规矩少而精，才有真正的约束力　63

定规矩切忌"朝令夕改"　65

及时奖罚 + 好建议 = 成功的规矩　67

要让孩子明白：规矩面前人人平等　72

规矩不是绝对不能打破的　75

不要用成年人的标准来约束孩子　78

尊重孩子，才能让孩子接纳你的规矩　80

让孩子守规矩要用情，不能用计　83

Part 4
人际关系敏感期，培养孩子的社交能力（3~6 岁）

人际关系敏感期：帮孩子融入群体　87

微笑是搭建友谊的桥梁　90

有礼貌的孩子招人爱　93

合群的孩子更快乐　96

让孩子学会合作　100

让孩子学会分享，并鼓励孩子分享　103

尊重他人才能赢得别人的尊重　106

和小伙伴发生冲突，让孩子自己解决	109
做错了要道歉，帮孩子赢得友谊	113
宽容："没关系"比"对不起"更重要	117

Part 5

文化敏感期，激发孩子阅读和学习的兴趣（4~6岁）

文化敏感期：因材施教，按天性来培养孩子	122
爱阅读的孩子更聪明	125
别扼杀孩子的好奇心	130
保护孩子的想象力	135
培养孩子的创造力	138
不要干涉孩子"涂鸦"	141
别打击孩子对音乐的热情	144
生活即教育，让孩子轻松获取知识	147
不要对学龄前孩子进行超前教育	150

Part 6

情感敏感期，爱是最好的养料（4.5~5.5岁）

情感敏感期：让孩子感受到你的爱	155
别让孩子觉得他是你的负担	158
爱孩子就要尊重孩子	160
做个"会听"的家长	163
正确使用非语言因素表达爱	166

慎重使用表示批评和惩戒的体态语言	169
不要当着孩子的面吵架	171
陪伴是对孩子最长情的告白	175
拒绝别人戏弄孩子	178

Part 7
敏感期之外的敏感，小心呵护孩子的内心

允许孩子发泄不良情绪	183
帮孩子克服"怨妇"心态	188
去除孩子心中嫉妒的毒瘤	191
让孩子正确看待"面子"问题，拒绝虚荣	194
别让孩子成为逃避责任的人	197
告别悲观，让孩子向阳生长	200
让孩子感受到自信的力量	203
赋予孩子积极的进取精神	207

绪言
提前做好准备，迎接孩子的敏感期

研究发现，3岁前，孩子的感觉、知觉、语言能力、注意力、记忆力、思维、想象、情感、意志等多方面能力和品质会有不同程度的快速发展；6岁前，孩子的观察力、思维、意志、想象会进一步发展，同时还会出现某些方面有待开发的特殊才能，如绘画、音乐等。

这也意味着，只要是发育正常的孩子，都有可能成为一个头脑灵活、性格健全的人，能轻松地处理人际关系，可以写出美好的诗句，画出美丽的图画，弹出优美的曲子。但事实并非如此，生活中有很多人，虽然已经成人，却仍有这样或那样的缺陷，如性格优柔寡断、不善交际，无法欣赏音乐、五音不全、对艺术无感，碰到数学就头大，依赖他人，等等。

为什么会这样呢？因为这些人的某些技能没有在孩提时代获取能力最强的时期得到开发，而这个获取能力最强的时期，正是我们上面所说的敏感期。

蒙台梭利在教育实践中发现，孩子在不同的敏感期会对不同技能特别敏感，这时候如果顺应孩子的内在需求，并有针对性地进行培养，便能事半功倍；反之，就会让孩子丧失学习的最佳时机，日后孩子要想再学习此项技能，不仅要付出更多的心力和时间，而且成果也不显著。

这就好像错过了开往目的地的最后一班公交车,车开走了,就可能再也没有机会到达目的地了。可以说,敏感期是孩子的学习关键期,是自然赋予人类一生仅有一次的特别生命力。学会如何运用这股特别的生命力去帮助孩子完美成长,是家长的职责。

那么,对处于敏感期的孩子进行教育,家长应该怎么做呢?总体来说,可以遵从以下几点原则:

顺应孩子天性,少说"不"

"宝贝儿,那里都是泥,不能走!"

"这个太脏了,不能抓!"

"那个东西多脏啊!不能吃,快吐出来!"

…………

研究发现,母亲平均每 9 分钟就会对她蹒跚学步的孩子发出一次"不可以……"的警告。如果是爷爷、奶奶或姥姥、姥爷带孩子,他们对孩子说"不"的次数要更多。殊不知,将"不"挂在嘴边,是非常不利于孩子安全度过敏感期的。因为孩子的所有行为都是天性使然,是认知发展需求导致的,只有他自己尝试了、了解了,才能真正明白什么事能做,什么事不能做,才能在心里建立起内在的关于对错的认知。如果你妨碍或阻止他去探知,不但不利于孩子学习各种技能,也容易让他产生逆反心理——你越不允许他做什么,他越是想去做什么。

有针对性地进行培养

孩子某个敏感期来临时,家长要用相应的活动来配合他或培养他,使孩子的能力真正发展起来。例如:文化敏感期到来时,孩子会喜欢用笔涂涂抹抹,这时候最好不要从洁净的角度出发,不让他乱涂抹,而是应该给孩子提供纸和笔,让他尽情画个够。因为如果错过了这个时期,就算以后创造更好的条件来让他画,他可能也没什么兴趣了。

要知道敏感期是会过去的

敏感期是会过去的。当孩子敏感期过去以后,家长就不要再停留其中了。例如:当孩子口腔敏感期过去,已不再那么喜欢咬东西时,家长就不必总给他可以咬的玩具了。

有一位妈妈曾在网上发帖说:

"儿子现在 8 岁了,特别爱发脾气,常常因为一点儿小事就大喊大叫,而且只跟姥姥亲,跟我们好像外人似的。现在想想,孩子之所以会这样,可能是小时候在敏感期受到了伤害。

记得他 3 岁半的时候,经常问我们爱不爱他。我是比较含蓄的人,总是不好意思把爱说出口,他爸爸更是刀子嘴豆腐心,每次儿子问出这样的话,他都说:'大小伙子,肉麻不肉麻!'这样几次之后,儿子再也没有问过这样的问题。可惜那时候我们并不知道敏感期这个概念,更不知道那是儿子在跟我们确认我们对他的爱……"

每个家长都是爱孩子的,很多家长却像这位妈妈一样,在孩子出了问题以后才开始后悔、反省,甚至加倍补偿孩子。但是,错过了那个特殊时期,任何补偿都于事无补。所以,为了避免以后后悔,应该在孩子敏感期到来之前就做好准备。

心理准备

每个孩子敏感期出现的时间和持续的时间都是不同的,有的早,有的晚,有的持续时间长,有的很快就会过去。就拿口腔敏感期来说,有的孩子可能一出生就有吃手的现象,有的孩子到三四个月才对吃小手感兴趣。所以,家长要做好心理准备,不要因为孩子的某个敏感期迟迟没有到来而着急,也不要因为某个敏感期迟迟没有结束而焦虑。

知识准备

家长要有充足的知识储备,才能发现孩子种种奇怪行为背后的本质。理解孩子的行为,懂得应对方法,才能做到兵来将挡,水来土掩。所以,在孩子敏感期到来之前,就应该加强对现代家庭教育知识的学习,不断充实自己。

● ● ●

Part 1

认知敏感期，
陪孩子一起探索世界
（0~6岁）

视觉敏感期：
用眼睛初识这个世界

眼睛是心灵之窗，孩子出生以后，最先感受到世界的器官就是眼睛。可以说，孩子从一出生就进入了视觉敏感期，这个敏感期将会一直持续到 2 岁半左右。

对于孩子来说，视觉敏感期非常重要。有人曾经这样描述过视觉敏感期的重要性："等到孩子出生的第二天开始教育就已经晚了。"这句话虽然有点夸张，但也并非毫无根据。

意大利有个名叫托蒂的小男孩，在呱呱坠地时，他的一只眼睛因轻度感染而用纱布包覆了两个星期。奇怪的是，拿掉纱布后，托蒂这只从生理上看完全正常的眼睛却看不见任何东西。一只正常的眼睛，为什么会失明呢？

为了找出托蒂看不见的原因，研究者们进行了一次模拟实验：他们找来一只新生的小猫和一只成年猫，分别蒙住它们的一只眼睛。过了一段时间拿掉遮挡物后，经过短暂调整，成年猫那只被蒙住的眼睛很快就恢复了视力，可是那只新生的小猫，尽管被蒙住的眼睛一切正常，却依然什么也看不见。接着，研究者们又在其他动物身上进行了多次类似实验,结果都一样——刚出生的小动物被长时间遮挡的眼睛无一例外地失明了。

由此证明,孩子在早期的某个特定阶段,其视觉需要一定的环境刺激,也需要足够的训练,在此时若是失去了机会,孩子的视力就会出现"不用则退"的现象,其视觉能力也会受到永久性的损伤。而这个特定阶段,就是我们所说的视觉敏感期。

那么,对于处在视觉敏感期的孩子,家长应该如何根据视力发展特点顺势引导呢?

给新生儿多点"黑白配"

新生儿只能看到光和影以及妈妈的脸。孩子 3 个月大时,虽然已具备三色视觉,但他们最感兴趣的还是对比强烈的黑白两色。所以,出生头几个月的婴儿更喜欢看那些明暗相间、黑白交界的地方,而不是人们普遍认为的颜色鲜艳的东西。

为了能够更好地促进孩子的视力发展,在这一阶段,可以在距离孩子 20 ~ 38 厘米处放些黑白相间的玩具和卡片给他看,也可以常穿一些黑白相间的衣服来刺激孩子的视力发育。

扩大孩子的视觉范围

在孩子不会翻身时,家长应该经常变换孩子看东西的角度,而不是让他们总是用一种姿势躺着。如果条件允许,应给孩子使用可以调节角度的婴儿床。没有婴儿床也没关系,可以多带孩子到户外看看,同样也可以扩大孩子的视觉范围。

给孩子添置一个洋娃娃

随着孩子的成长,他们会慢慢看清周围的物体,认出爸爸妈妈或照顾自己的人,这个时候是锻炼其视力和认知能力的最佳时期,可以有意识地给孩子添置一个五官分布合理的洋娃娃。因为当孩子视觉能力开始发展以后,人的五官是吸引他们注意力的重要事物。在教孩子认识五官的过程中,他们的认知能力也会得到发展。

丰富孩子的视觉环境

6个月以后,孩子已经不满足于静止的黑白世界,他们开始对颜色对比明显的事物感兴趣。所以在这一时期,应该尽量丰富孩子的视觉环境,比如使用不同颜色的窗帘、床单,将颜色对比明显的玩具、卡片等放置于孩子周围,都可以有效锻炼孩子的视觉。

用触觉发展视觉

等孩子可以坐着玩儿玩具以后,就可以让孩子去接触各种形状的东西了。这时候,家里的瓶瓶罐罐、餐盘、汤碗、小勺、杯子甚至纸盒,都可以让孩子去触摸。在这个过程中,家长可以一边让孩子触摸,一边告诉他这是什么,这对孩子视觉认知能力的提高也能起到一定的促进作用。

● ● ●

听觉敏感期：
用耳朵倾听这个世界

刚出生的孩子有听觉吗？他从什么时候起对声音敏感的？关于这个问题，科学家曾做过一个实验：

对于刚出生一天的婴儿，科学家用"嗡嗡"声和铃声两种声音进行刺激。当铃声在婴儿右侧响起的时候，他们就给婴儿吮吸糖水；当"嗡嗡"声在右侧响起的时候，就不给婴儿吮吸糖水。这样几次之后，科学家发现，当铃声在右侧响起的时候，婴儿会主动将头扭向右侧；而"嗡嗡"声在右侧响起的时候，婴儿则不会将头转向右侧。

于是，科学家从这个实验中得出一个结论：刚出生的婴儿已经具备一定的听力了。

其实，胎儿在母体的时候就能够感受到声音的强弱、音调的高低和妈妈的心跳声了。所以，新生儿在出生后不明缘由地哭泣时，只要把他们放在妈妈身边，让他们听到妈妈的心跳声，新生儿就能快速安静下来，停止哭泣。

随着婴儿身体的发育，其听力也在逐渐发展。你会发现，从最初喜欢有声世界，到能够辨别声音、寻找声音的来源，再到模仿听到的人声，并对各种声音做出相应的反应，如听到有人喊他会回头，听到快乐的声音会手舞足蹈等，这个过程不仅是孩子听力发展的过程，还是他们从外界获取信息，进而探索世界、认识世界的过程。关注孩子的听觉敏感期，培养孩子的听觉能力，对其语言能力和认知外部环境的能力都起着极为重要的作用。

一般来说，孩子的听觉敏感期会从出生一直持续到 2 岁左右。在这个阶段，家长要充分了解孩子听觉发展的特点，有意识地给予其听觉发展所需要的有利刺激，最大程度提高孩子的听力。

让孩子待在有声的环境里

很多家长认为孩子尤其是新生儿怕吵，于是尽最大努力保持安静，说话不敢大声，做事小心翼翼，生怕弄出声响吓着孩子。其实这完全没有必要。因为孩子从出生开始，就喜欢倾听周围环境中的各种声音，一旦周围没有了声音，他们就会自己制造声音——哭声。而在周围环境中有声音，他们就不会哭泣，而是安静地倾听这个世界。

利用有声玩具

对于刚出生不久的婴儿，家长要想训练他们的听力，可以利用有声玩具，如摇铃、拨浪鼓、音乐盒等。在离孩子 30 厘米左右的位置，家长可以一边摇晃玩具，一边缓缓移动。当孩子听到声音以后，视线就会随着玩具的响声移动。当孩子可以自己抓握的时候，家长可以把有声玩具给孩子，让他们自己玩耍，这也能刺激孩子的听觉。

多给孩子听听轻柔的音乐

孩子都喜欢听轻柔悦耳的声音，所以很容易被轻柔舒缓、美妙动听的音乐吸引。所以，可以多给孩子听一些轻柔的音乐，这对提高孩子对节奏、音调等方面的辨别能力很有帮助。不过，在给孩子播放音乐时，音量不能太大，时间也不能太长，一次 30 分钟足矣。

给孩子制造一点儿噪声

成人能在嘈杂的环境中选择某种声音或忽视某种声音，孩子却不具备这种能力，所以他们经常会被一些不喜欢的声音搞得坐卧不宁。对此，家长应该故意制造一些噪声来锻炼孩子的抗噪声能力。比如，故意带孩子到一些比较嘈杂的场合，如菜市场、超市等；或者在给孩子讲故事的时候，故意把电视机打开，放出很小的声音，等孩子适应了这个声音，能够不受影响地专心听故事时，再一点点将电视的声音调大，直到和讲故事的音量差不多，孩子仍然不受影响为止。需要注意的是，培养孩子适应噪声的能力是循序渐进的，不可操之过急。

用"妈妈腔"跟孩子说话

什么是"妈妈腔"呢？举个例子：见到不熟悉的小朋友，我们常会问"宝宝，你几岁啦"这时，我们的语调绝对和平常不一样，我们会把自己的声音变得轻柔，放慢语速，调整高音部，拖长最后的音节，使自己的声音听起来富有韵律，那么刚才那句话就变成了"宝宝——，你几岁啦——"这种专门针对孩子的特殊讲话方式就是"妈妈腔"。

对于孩子而言，当家长用"妈妈腔"跟他们讲话时，会有一种熟悉的亲切感。更重要的是，"妈妈腔"能促进孩子听觉的发展。所以想要训练孩子的听力，"妈妈腔"必不可少。不过，家长在使用"妈妈腔"跟孩子说话时，一定要发音清晰、字正腔圆、语速放慢，还要注意语句简短和适度重复，这样孩子才更容易听懂。

和孩子做些听觉游戏

听觉游戏对孩子听力有很好的刺激作用,家长可以有意识地跟孩子做这类游戏。比如:在孩子哭闹的时候,用富于变化的音调来哄他;在喂奶的时候,轻轻呼唤他的乳名。孩子大一点以后还可以和他一起玩蒙眼猜声音的游戏,或者让他体验声音随着距离改变其音量大小也会改变。

● ● ●

口腔敏感期：
用嘴巴"尝尝"这个世界

最近，乐乐妈发现 3 个月大的乐乐对自己的小手特别感兴趣。开始时，他总是努力地把自己的小手往嘴里送，送不到嘴里，就着急得直"哼哼"，等乐乐妈帮他把小手送到嘴里，他就会"吧唧吧唧"地品尝起来，脸上一副满足的表情。

经过不断地练习，乐乐终于可以娴熟地把手送进嘴里了，这时候，吃手似乎成了他每天最主要的"工作"。乐乐妈开始觉得乐乐这种表现很好玩，但是随着乐乐吃手频率的增加，乐乐妈的担心也随之而来：这样多不卫生！孩子万一把吃手当成习惯可怎么办？于是，她一边笑着说"不许吃手"，一边强行将乐乐的手从他的嘴里拿出来。谁知，乐乐并不理解妈妈的"良苦用心"，竟然哭了起来。

乐乐妈不解，赶紧抱起来哄。令她惊讶的是，乐乐竟然又将小手放到嘴里吮吸了起来，并立马安静了下来……

紧跟着视觉敏感期而来的是口腔敏感期。这个阶段，孩子最大的特点就是用嘴巴"尝"世界，他们通过口腔来感知味道，并锻炼触觉，构建自己的大脑和心理世界。

而吃手，正是用口探索世界的开始。你会发现，当孩子把吃手当成一种"工作"以后，很快他们就会将手头的一切东西往嘴里塞，尤其是长牙以后。这个过程会一直持续到 1 岁半左右，这就是口腔敏感期。

处于口腔敏感期的孩子，喜欢吃手，喜欢拿什么啃什么，这是一个自然成长的过程，家长不必紧张。如果仔细观察就会发现，孩子把玩具或其他物品塞到嘴中，并不会真的吃进去，而是很快把不能吃的东西吐出来，再用手把弄。正是这样的过程，让孩子知道了软和硬、甜和咸、冷和温、能吃和不能吃……在不同的口感体验下，孩子的口腔功能得到了进一步发展，在将不同的新鲜事物放进嘴里的过程中，他们还体验了周围的世界，试探着口腔功能的极限，学会了辨别和选择能吃和不能吃的物品，以此来构建属于自己的世界和人生经验。

口腔敏感期是孩子发育必不可少的阶段。研究显示，如果家长过度保护，不让孩子进行口部探索，使孩子在口腔敏感期中的需求得不到满足，那么孩子很有可能会在其后的年龄段用别的方式来满足自己，比如抢别人的食物，随意拿别人的东西，捡掉在地上的食物吃，难以控制地咬人、咬家具等。

所以，在口腔敏感期，家长不要随意干预孩子，而是应该帮助孩子满足"咬"的需求。具体而言，要做到以下几点：

帮孩子把小手放在嘴里

当孩子试图把手放进嘴里，又无法顺利完成时，很容易产生挫败感。这时候，家长可以帮孩子把手放进嘴里，让他尽情地"吃"。不用担心卫生问题，只要让孩子的小手保持干净即可。

给孩子多准备些不同质地的物品

当孩子拿什么啃什么的时候,可以帮孩子多准备一些不同质地的、干净的、可以供他抓握和啃咬的物品,以供孩子尽情"品尝"。当然,如果孩子把一些不能入嘴的东西放进嘴里,如土块、小石子等,要及时制止,但不要强行阻止,更不能训斥,而是应该先设法转移其注意力,再将东西拿走。

多给孩子准备一些动手玩具

口腔敏感期会逐渐被手部敏感期取代,当有一天孩子喜欢用手到处去触摸物体的时候,口腔敏感期就正式结束了。所以,想要孩子快速度过口腔敏感期,一方面要满足其相关需求,另一方面要让其多玩一些动手的玩具,如手摇铃、拨浪鼓等,吸引孩子去抓、拉、扯,这既可以提升孩子的动手能力,又能让他们明白,原来手不光可以放在嘴里,还可以做其他比吮吸更有意思的动作。这样他们就能把注意力慢慢地转移到手上了。

正视口腔敏感期延迟的孩子

孩子处于口腔敏感期时,若家长过度保护他,可能会导致孩子口腔敏感期时间延长,比如有些孩子已经 2 岁了,还有吃手的习惯。

2 岁的布丁最近表现得很奇怪:睡觉时,他要先把手指挨个塞进嘴里吮吸几分钟,然后才能入睡;吃饭时,则要先把勺子放进嘴里咬一会儿,然后再把勺子不停地从嘴里拿进拿出;有时候,他还会咬着妈妈的睡衣带子不肯松开……

显然，布丁的口腔敏感期时间延长了。遇到这样的情况，家长不要大惊小怪，更不要斥责孩子，而是应该正视这种情况，为孩子提供一些咬咬胶和享用食物的机会，比如梨、萝卜这些有硬度的蔬果或硬的饼干等，帮助孩子迅速度过这个时期。

● ● ●

手部敏感期：
用小手摸摸这个世界

手是除口腔以外人体触觉最灵敏的部位。孩子进入口腔敏感期之后，在吃手的过程中，手的触觉被唤醒，于是，在口腔敏感期的中后期，他们会逐渐用手代替口探索世界，手部敏感期便出现了。

进入手部敏感期的孩子，特别热衷于摸、捏、摇、抓、扔、拽、扯、撕、打、抠、按等动作。在这些动作中，孩子会慢慢发现，棉被是软的，积木是硬的，冬天下的雪是冰的……这些不一样的触感，会让孩子对各种物品的性状有更全面的了解。同时，他们的身体会记住这些经历：碰到尖尖的东西会痛，摸到刀刃可能会割伤手，被热水烫到也很可怕……只有真正经历过，他们才会明白，什么东西危险，什么东西安全。

可以说，手是孩子最好的感知工具，手的活动绝非一个个独立的动作，而是孩子有目标地探索世界的行为。如果家长不理解孩子的这种行为，没有让孩子的手充分发挥探索的作用，那么手部敏感期就会被延长，这样会阻碍孩子手能力的开发，比如：到该拿筷子吃饭的时候不会用筷子，该握笔写字时无法正确握笔。有的孩子甚至还会出现各种自我弥补行为，比如总是到处摸个不停，喜欢破坏物品，乱扔东西，爱打人等。所以，聪明的家长绝不会阻止孩子摸、捏、抓、扔等动作。

明明1岁2个月大,最近一段时间,他不再吮吸手指,不再一拿到东西就往嘴里塞,而是爱上了一切跟手部有关的动作:抓握、拿捏、旋转、扔……吃饭时,给他一个碗一只勺,他便乐在其中。

面对明明的满脸油腻、满手黏糊、满桌狼藉、满地杂乱,妈妈并没有生气,因为她明白,孩子正用自己的方式去探索,去思考,去认知,并努力地成长!所以,即便时刻充当"清洁工",妈妈依然面带微笑!

有一天,明明正在玩扔"雪花"的游戏——撕了一堆碎纸屑,然后往地上扔。哥哥在一旁看到了,也一把一把地将碎纸屑抓起来,再兴奋地抛撒出去,每一次抛撒,都配上夸张的拟声词。因为哥哥动作大,力气也大,所以被抛撒出去的碎纸屑有的会在空中转圈、翻滚很长时间,非常好玩。明明一见,立马兴奋起来,咯咯咯笑个不停!见弟弟笑得那么开心,哥哥也跟着"咯咯咯"地笑起来!

他们就这样,把碎纸屑扔完,然后又捡起来,开始新一轮抛撒……看他们弄得满屋子都是碎纸屑,姥姥刚要上前阻止,妈妈就拦下了,在她看来,这其实是大宝在帮助二宝进步呢!

想要让孩子顺利度过手部敏感期,家长除了不能阻止孩子用手探索世界,还应该有针对性地去帮助孩子。一般来说,在手部敏感期的不同阶段,孩子感兴趣的东西也不一样。

喜欢绵软东西时期

有一位妈妈曾经这样描述孩子的行为:

"儿子8个月大的时候,有一次包饺子,我顺手给了儿子一小块面团让他玩。他拿过去左捏捏,右捏捏,立马变得眉开眼笑,舍不得撒手了。从那以后,只要是柔软的东西,他就玩得不亦乐乎:每次吃草莓、香蕉,他必须要先揉捏一番,直到水果被抓得惨不忍睹,才会放到嘴里品尝;对他来说,面条也是很好的玩具,每次吃面条,他都会扔得到处都是;偶尔看不住,他还会去花盆里抓泥巴玩儿……"

对于八九个月的孩子来说,软乎乎的东西,如面条、香蕉、果酱、泥巴等,最能吸引他们的注意力和兴趣。如果给孩子两样东西,一样是软的,一样是硬的,他们一般都会去抓软的。所以,当孩子对绵软的东西感兴趣时,千万不要因为觉得很"恶心"而不让孩子接触。孩子想体验那种"黏糊糊"的手感,就让他们尽情体验,只要事后把孩子的小手洗干净即可。等过了这个阶段,孩子自然就会对这些东西失去兴趣了。

喜欢扔东西时期

1岁左右的孩子会在一次无意的扔东西动作中发现扔东西的乐趣。这种发现对于他们来说是一件比哥伦布发现新大陆还重要的事情。因此,看见孩子扔东西,家长不但不能阻止,还要重视起来。例如,为孩子准备一些不怕摔、落地时还不会发出太大声响的小玩具,如橡皮球、布娃娃、塑料碗等。像玻璃、陶瓷这种容易打破的东西最好不要拿给孩子,因为这种东西被打破以后,碎片很容易伤到孩子;一些金属物品因为落地时声音太大,容易打扰邻居,也不应该选择。除了给孩子准备一些适宜的玩具,还可以带孩子到户外玩一些投掷类的小游戏,如丢沙包、扔皮球等,都是不错的选择。

喜欢盖盖子时期

盖盖子的练习过程,是孩子从"一把抓"向"三指抓"过渡的时期,是手部功能逐渐变精细的重要过程。这一时期,只要拿到带盖子的物品，孩子就能坐在那里重复着相同的动作：盖上，拿下，再盖上，再拿下……重复1小时都不嫌烦。所以，为了避免孩子找不到合适的带盖物品，家长可以专门为孩子准备一个有盖子的塑料瓶，让他们坐在固定位置练习。

喜欢捏豆子时期

练习捏细小物品的过程，是孩子从"三指抓"向"二指抓"过渡的时期，是手部功能进一步走向精细的过程。这一时期，家长可以给孩子准备一些小纸片，供他们练习用两根手指拿捏。豆子、纽扣等物品也是让孩子练习"二指抓"的良好道具，只是这些物品有可能给孩子带来危险，家长一定要当心。

● ● ●

行走敏感期：
用小脚丈量这个世界

大部分孩子从 8 个月开始，便出现了行走的欲望。这个时候，他们开始拒绝坐，喜欢玩蹲跳的游戏，比如站在家长腿上，让家长拉着双手；或者让家长架着胳膊，小脚用力蹬着家长的腿往上蹲跳，乐此不疲。这是孩子进入行走敏感期的表现。

在蹲跳的过程中，孩子的腿脚肌肉得到了锻炼和发育。渐渐地，他们会产生迈步的热情，喜欢被家长拉着小手，或者被架着小胳膊，勇敢地向前迈步。此外，他们还会尝试扶着床头、墙或沙发挪动腿脚，走到他们想要到达的地方，拿起自己想要的东西。

经过不断的行走锻炼，孩子的腿脚肌肉越来越强健，一般在 1 岁左右，他们逐渐开始尝试拒绝外力的帮助，独立行走。

孩子刚开始学习走路时，没有目标，也不怕危险，并且不能转弯、慢行或及时停止。但他们会在不断的行走实践中总结经验与教训，并最终掌握行走的所有技巧与方法。

当孩子行走稳当，起步、停步、转弯、蹲下、起来、向前走、向后退都行动自如时，就会表现出对走路的痴迷，而且还喜欢"不走寻常路"。比如，就喜欢走坑坑洼洼的道路、越是哪里脏越是往哪里走……

这其实是孩子在感受地面对脚底的刺激,是他们用腿和小脚在感知这个奇妙的世界。

在妈妈眼里,跳跳自从学会走路以后就变得特别淘气——开始时,他还只是喜欢在客厅里跑来跑去,可没多久就对爬楼梯产生了极大的兴趣,每次从外面回来,他都要在楼梯上爬上爬下几个来回才肯进家门。而在家里,爬窗户、爬桌子、爬栏杆等危险运动也成了他的日常活动项目。若阻止,跳跳会哭闹,而且若是不让他爬桌子,他扭头又去爬窗户了;若不阻止,妈妈又看得心惊胆战。对此,跳跳妈感到非常无奈……

乐此不疲地攀爬楼梯,攀爬有坡度的空间,是孩子在行走敏感期的一个特殊表现。在不断重复爬楼梯、爬坡的过程中,孩子反复用自己的脚来感受未知的空间,这样一来,脚的潜能才会被不断激发出来。而且对于处在行走敏感期的孩子来说,这是最快乐的游戏。所以,家长要仔细观察,根据孩子的需要适时地给予协助,而不是生硬地阻止。

那么当孩子处在行走敏感期时,家长具体应该怎么做呢?

给予孩子一定的鼓励

刚学走路的孩子,难免会有害怕、不敢尝试的心理,这时候家长要多鼓励孩子往前迈步,当孩子走到目的地时,要及时拍手鼓励,或者拥抱他一下。当孩子摔倒的时候,家长要鼓励他们勇敢地爬起来,这样可以培养其坚强的意志。

给孩子安全的运动环境

孩子能走了,可能遇到的危险也就更多了,所以家长一定要给孩子创造一个安全的活动空间——家里有容易磕绊孩子的东西要移到别处，家具上的尖锐棱角要包起来，孩子脚下的障碍物要及时清除；此外，还要给孩子穿上防滑的鞋袜，以防跌倒；外出活动时，要随时跟在孩子身边，以防危险发生。

放弃自己的节奏，配合孩子行走

一位妈妈带着1岁半的女儿在公园散步。小女孩走走停停，有时候还会停下来用手臂抱住妈妈的腿。每当这时，妈妈会站立不动，任由女儿绕着她的腿玩耍。小女孩玩够了，又往前走，妈妈便也跟着往前走。

可是没走一小会儿，小女孩又在一座小拱桥上停了下来，开始在拱桥的台阶上蹦来蹦去。妈妈此时并没有阻止和呵斥，而是仍旧一脸平静地等在那里，直到小女孩玩够了，才又跟着小女孩的步伐继续前行。

蒙台梭利认为："一个1岁半的孩子可以走好几里路也不会累，但他们在走路时不会像成人那样心里有个目标。他们走路是为了发展自己的能力，建立自己的存在。"所以，家长在陪孩子走路时，要按孩子的节奏来行走，就像故事里的妈妈那样，而不是要孩子去适应家长的节奏。

总之，孩子到了行走敏感期，会格外喜欢行走、跑、跳等运动，就像不知道累似的。家长要趁着这个时期，积极引导孩子行走，这对提高孩子的身体平衡能力、认知能力都非常有益。

● ● ●

空间敏感期：
哦，世界原来是立体的

帆帆最近特别爱扔东西，床上的枕巾、玩具，沙发上的抱枕，小桌子上的书，只要被他看见，他都会扔到地上，扔完以后，还会满足地看上一眼。如果他发现有人在看他，就会对着那人坏坏地笑。他还喜欢推着家里的转椅四处跑，有一次用力过猛，竟然撞裂了书柜的玻璃门。还有，他会趁大人不注意爬到电视机顶上往下看电视，或者趴在沙发背上玩玩具。

有一天，帆帆妈好不容易用积木搭出一个"城堡"，帆帆却一巴掌将它打翻，打翻后，不仅没有表现出愧疚之态，还哈哈大笑起来……帆帆这种"惊人壮举"，让全家人头痛不已。

帆帆的表现，说明他已经进入空间敏感期了，他的所作所为都是在建构空间智能。因为婴儿刚出生时，是没有空间概念的，他以为世界和自己是一体的，自己动的时候世界也在动。但随着时间的推移，他会慢慢发现周围的物体和自己是相对独立的，只是他还分不清到底是自己在动还是世界在动，所以才会用扔东西这种方式来探索世界，感知空间；通过移动物体的位置来"丈量"空间，通过攀爬来了解空间。

我们会发现，孩子在玩够了扔东西的游戏以后，紧接着便会对将物品不断垒高、推倒、再垒高、再推倒产生极大的兴趣。之后，又会对狭小空间产生兴趣，比如喜欢钻到大衣柜里、桌子下面玩耍。当孩子的能力得到提升以后，他们又会喜欢从高处往下跳，以此来感知空间的大小……总之，爬、抓、推、蹦、旋转、扔、藏，都是孩子运用身体来把握空间的表现。

一般来说，孩子的空间敏感期出现在 1 岁半到 6 岁，而 2 岁半左右是孩子空间概念进步最快的阶段。这时候，家长千万不能因为害怕孩子磕碰就不许孩子趴在沙发背上，或钻到桌子底下，而是应该给孩子足够的自主空间去探索、去发现。因为对空间的探索是孩子自我创造的过程，也是他突破极限的过程。把握好空间敏感期，对孩子将来掌握空间概念、发展空间认知能力非常有帮助。

那么，在孩子的空间敏感期，家长除了不阻止孩子的探索行为，还应该做些什么呢？

提供一些有助于开发空间智能的玩具

像皮球、沙包、飞盘等可以扔的玩具，积木、塑料瓶、盒子等可以垒高的东西，能让孩子在扔、接、垒高中完成空间探索，家长可以多准备一些。

陪孩子玩一些关于空间探索的游戏

孩子进入空间敏感期以后，可以陪孩子玩一些关于空间探索的游戏。比如，在家和孩子玩"藏猫猫"，开始时，你只要躲在能让孩子轻易找到的地方就足够了。当孩子慢慢衡量出多大的物体能够藏进多大的空间时，"大"和"小"的概念就会越来越清晰。

再如，你可以和孩子交替扔弹力球，当孩子发现弹力球每次的运动轨迹都不一样，并且遇到障碍物时，弹力球还会被弹回来以后，他就会一遍遍地反复扔，直到他能判断出球的回弹方向。对孩子来说，这可是很大的进步。

多带孩子去户外活动

经常带孩子去户外或公园游玩，让他多观察一些自然界的事物，并及时为他答疑解惑，能让孩子对空间有更多的了解。比如，当孩子看到树叶飘落，或者树叶顺着小溪漂走时，你可以告诉他，树叶是从高处往低处落，落到溪水中，还会顺着小溪越漂越远。他就会对从高到低、从近到远这种空间关系有明确的认识。

家长应该明白，空间感知训练不一定都是教与学的互动，只要在日常生活中给孩子提供足够的练习机会，他就能建立起正确的空间感。

● ● ●

Part 2

语言敏感期，别让孩子错过说话的好时机（0~6岁）

语言敏感期：
别忽视孩子"咿咿呀呀"的"婴语"

最近，3个多月的天天经常对着玩具咿咿呀呀地"说话"，有时候在外面晒太阳，如果有人来逗他，他也会咿咿呀呀或"啊啊"地跟人家"聊"上一会儿。

姥姥一看，高兴坏了，直说天天"真聪明，这么小就开始说话了"。于是，平时只要天天一"咿呀"，她便也跟着"咿呀"起来，而且常常跟天天"唠嗑"："宝宝，姥姥给你讲故事好不好？""宝宝你看，小狗狗多可爱！""宝宝怎么啦，是不是饿了？"……那场面别提多热闹了。

对此，天天妈很是不理解："妈，孩子这么小，哪里就会说话了？再说，您说的他也听不懂啊！"

"谁说我们听不懂？小孩子你就得多跟他说话，他才聪明呢！是不是啊，小宝贝？"姥姥说完就又接着跟天天说话去了。

很多家长都和天天的妈妈一样，认为在前语言阶段，孩子还听不懂成人说话，更不会开口和你交流，你和他说再多，也是无意义的。这完全是错误的想法。为什么这么说呢？因为语言的学习，需要一个接受、理解、表达的过程。

婴儿虽然不会说话，但是能听到外界的声音和语言，这些声音和语言会不断刺激他们的大脑。当这种刺激积累到一定程度时，语言机制被激发，孩子就会开口说话了。

所以，1岁以内的孩子虽然不能和你进行语言交流，但并不代表他们没在学习。恰恰相反，当你跟他们说话时，他们其实正在努力地学习你的语言，理解你话中的意思，并不断积累经验。

这种情形正如美国心理学教授鲍勃·麦克默里所说：孩子学习说话的过程很多时候是父母注意不到的，而孩子恰恰是在这些不被察觉的学习过程中日积月累，才产生了令父母惊讶的必然结果。

因此，不要以为跟小婴儿说话没用，也不要对孩子的"咿咿呀呀"不以为然，要知道，这些简单的发音既是孩子的发声练习，又是他情绪和心理状况的表达。从这一点上来说，对孩子语言的关注，最晚也要从他们的"咿咿呀呀"开始。

在这段宝贵的时间里，家长要以热烈的爱对待孩子，给孩子创造充满正向语言刺激的环境，多和孩子说话，多揣摩孩子的心思，对他们的任何表现都给予及时的回应。具体而言，应做到以下几点。

每天认认真真地和孩子"对话"

你可以指着不同物品，用清晰缓慢的语言对孩子说："这是枕头！""这是奶瓶！""这是冰箱！"也可以亲切地跟孩子讲讲他当时面对的事情，比如给他换尿布的时候就可以说："妈妈给宝宝换尿布喽！"准备给孩子喂奶时，可以注视着他的眼睛，同时温柔地对他说："噢，宝宝饿了，妈妈马上喂你好不好？"这可以让孩子在具体情境中理解语言。

用不同的语气、语速和孩子交谈

家长用不同的态度、语调、语速和孩子交谈,会使孩子有不同的听力体验,会促使他更努力地学习,更乐意与人沟通。

多给孩子听故事和音乐

音乐和故事能刺激神经,调节精神,使孩子的身心得到健康成长,这对孩子接收语言、理解语言也是有益的。

营造快乐的语言学习氛围

与孩子分享学习的快乐,是对孩子认知活动和语言发展最好的反馈和强化,能让孩子更加自信,有更强的求知欲。反之,忽视、冷落、不给予孩子相应的回应,会造成孩子情绪不安,进而限制其语言能力的发展。

经常叫孩子的小名

经常叫孩子的小名,有利于孩子发展自我意识,使他尽早知道自己和别人不同,能促进孩子将自己的意志传达给别人,发展语言能力。

及时鼓励孩子说话

当孩子发出任何声音的时候,家长都可以高兴地拍手鼓励,并用稍微夸张的表情和声音说:"啊,我们的宝宝会说话了!"以此来鼓励他。因为孩子都是有依赖性的,而家长的鼓励是孩子学习的重要动力。

总之,当孩子开始咿咿呀呀说"婴语"的时候,家长就可以有意识地训练孩子的语言能力了。一般情况下，在孩子能说出第一个有意义的单词之前，家长给孩子输送的清晰明确的声音越多，越能促进其大脑内主管听觉的神经元的敏感性，越有利于激发孩子的语言潜能。

● ● ●

孩子"鹦鹉学舌",家长别泼冷水

孩子 1 岁左右开始学习语言,并很快出现"复读机行为"。他们喜欢不断重复某一个词语或一句话,并乐此不疲。比如,孩子叫"妈妈——"妈妈回答"哎——",然后孩子再次叫"妈妈——",妈妈重复回答"哎——"。对成人而言,这种行为可能是毫无意义的,可孩子却好像发现新大陆一样,在这一叫一答中验证了自己的猜测:原来每一个词都与一个事物相对应!

当孩子的词汇量达到一定程度,对语言的理解能力增强时,他们很快发现一句话能表达一个意思。而这时,他们的嘴部肌肉也发展到了能模仿整句的程度。于是,他们不再满足于词语的重复,而是进入对句子的爆发式学习阶段——他们就像学舌的鹦鹉一样,不厌其烦地一遍遍重复家长的话语。不管家长说什么,都照单全收。比如,你无意间说了句"讨厌",被他听到了,他就会在很长一段时间内看到谁都"讨厌、讨厌"地重复,搞得人哭笑不得。

最近,2 岁半的妍妍让妈妈非常头痛,因为她总是像鹦鹉一样学大人说话。一天晚上,妈妈跟妍妍说:"妍妍,要睡觉了,太晚了。"妍妍也说:"妍妍,要睡觉了,太晚了。"

妈妈严肃地说:"睡觉了!"妍妍:"睡觉了!"

妈妈:"赶紧换睡衣!"妍妍:"赶紧换睡衣!"

妈妈有点恼,她皱了皱眉,抬高了声音:"你到底睡不睡?"妍妍这才换衣服睡觉。

还有一次,妈妈带妍妍上街,在路上遇到了熟人,于是彼此互相问候:"最近好不好?工作顺利吗?"而妍妍也在旁边学道:"最近好不好?工作顺利吗?"对此,熟人倒是没说什么,妈妈却觉得非常尴尬。

很多家长遇到上面的情况,都以为这是孩子在故意跟自己作对,所以通常会表现得很不耐烦,甚至通过呵斥、责备来制止孩子。殊不知,孩子鹦鹉学舌,其实是他们语言高速发展的表现。在这个阶段,家长表现出任何的负面情绪,都会给孩子"泼冷水",扼杀他们学习的热情,非常不利于孩子学习词汇和发展组织语言的能力。

因此,当孩子鹦鹉学舌时,家长千万不要不耐烦、泼冷水,而是应该顺势引导,让孩子从模仿顺利过渡到主动使用语言。具体来说,可以参考以下几点:

引导孩子模仿优雅的语句

处于"学舌"阶段的孩子,会不停模仿某个词或某句话,不管是好是坏。所以,应该尽量在孩子面前说一些优雅的语言。这样,孩子学到的语言也是优雅的。

不过,万一孩子学到了脏话、粗话,家长也不要粗暴地制止孩子,而是应该引导孩子学习更优雅、更有意义的语言,比如给孩子读一些优美的句子,说一些礼貌用语,这样孩子很快就会把那些粗俗的语言忘掉。

适当增加句子的难度

当孩子开始学成人说话时,家长可以根据孩子的具体情况,适当增加句子的难度让他模仿,比如用一些长句、复合句与孩子说话,或者用不同的语句来表达同一个意思,比如"外边太热了,还是家里凉快""家里比外面凉快多了""家里真凉快,外面太热了",这既能让孩子体验不同语言的乐趣,又能有效训练孩子的语言理解能力,让其学会多种表达方法。

给孩子提供更丰富的语言环境

丰富的语言环境,能让处于"学舌"阶段的孩子学到更多的语言。所以,平时家长跟孩子对话时,不妨通过一个词语引出一个相关的话题,比如想给孩子吃香蕉的时候可以说:"看,香蕉,黄黄的香蕉!""宝宝要吃香蕉吗?""我们把手洗干净才能吃香蕉哦!"

● ● ●

孩子诅咒骂人，家长无须太紧张

一天，欢欢妈去幼儿园接欢欢放学，因为去得有点儿晚，所以她就直接去了欢欢所在的班级。刚到门口，她就听见教室内几个没回家的小男孩在斗狠。

小男孩甲说："我要打死你！"

小男孩乙说："我要拿刀把你剁碎。"

小男孩丙说："我要把你从窗户扔出去，把你摔成肉饼。""我要把你切成两半。"

"我要把你头砍下来当球踢。"

…………

各种狠话源源不绝地从孩子们嘴里说出来，听得欢欢妈心惊肉跳。

其实，像故事中一群孩子在一起斗狠这样的事并不少见。当然，孩子把矛头指向家庭成员的就更多见了，像"打死妈妈""臭爸爸""坏奶奶"这样的话，只要家里有孩子，基本都有机会听到。越是亲近的人，孩子越是喜欢用这些语言去攻击对方，而且越是恶毒、难听的语言，他们就越是感兴趣。其实，这是孩子在语言敏感期的一种特殊表现，是每个孩子都会经历的。

为什么会出现这种现象呢？这跟孩子的语言能力发展过程有关。

一般来说，孩子到了 2 岁半左右，随着自我意识的逐渐觉醒，他们会渐渐发现语言本身是有力量的，有时说出一句话能引发听者强烈的反应，这个发现令他们感到惊奇。于是，他们开始使用这种"有力量"的语言，如"我恨你""打死你"等这种带有强烈感情色彩的诅咒、责骂的词语。

当孩子的狠话、脏话陆续登场以后，家长往往不知如何招架。大多数家长都会给孩子讲道理，告诉他们这些话如何不好，不能说。当劝说无效时，可能就会通过呵斥甚至体罚来阻止孩子，但这样的处理效果并不好。

那么，当孩子开始说脏话、狠话时，到底该如何应对呢？

适当冷处理

很多孩子之所以以说脏话、狠话为乐，是因为家长对此表现得很震惊和惊慌，甚至还会威胁孩子，这其实是对孩子一种极大的关注表现。

这样做孩子可能会想："原来这个话可以让人生气，真有趣啊！"可见，面对孩子的脏话、狠话，家长如果表现出强烈的情绪，对孩子反而是一种刺激，这只会让孩子更喜欢去说这样的话。反之，如果家长反应平淡，他们很快就会对这些话失去兴趣。

直接表达你的感受

如果家长不直接地表达内心感受，孩子会以为骂人或说狠话并不会给人造成伤害。所以，当孩子说出伤人的话时，家长应该直接说出自己的感受。比如你可以说："宝贝，你这样说妈妈，妈妈非常难过，妈妈很爱你，可你这句话伤害到妈妈了。"

孩子虽然小,但他对情绪的体察很敏锐,他感受到你的伤心和难过,自然就明白这些话不该说了。

转移注意力

最近,明明喜欢给任何人都冠上"臭"这个字眼。

有一天,他一回到家,就喊道:"臭妈妈,我回来啦!"妈妈本想说点什么,但转念一想,认为这是个教育孩子的好时机,便笑眯眯地说:"明明,你知道'臭'字怎么写吗?"

明明一听,嘴里连声说知道,并献宝一样写了个歪歪扭扭的"臭"字。妈妈夸了一句:"写得不错!"又问:"那你知道'臭'字是什么意思吗?"

明明哈哈大笑:"粑粑就是臭的!"

"那你说妈妈是粑粑喽?"妈妈故意做出不高兴的样子。

"没有,妈妈是香香!"明明一边说,一边扑到了妈妈的怀中,早把"臭不臭"的事忘脑后去了。

可见,适当转移孩子的注意力,能很快让孩子忘掉脏话、狠话。

多教孩子一些新的词语

孩子都是"喜新厌旧"的,当有更新鲜好玩的东西让他产生兴趣,能学习更多新词语的时候,他自然不会再执着于那些不好的话。所以,家长可以好好利用这个阶段,多给孩子读有趣的绘本,带他们出去玩,认识各种花草、小动物和他们感兴趣的东西。

从源头上杜绝

孩子讲脏话、狠话,一定是从哪里学到的,比如家长、其他小朋友、其他成人、电视等，都可能是"传染源"。所以，家长首先要以身作则，反省自己是否当着孩子的面讲过粗话、狠话，如果讲过，一定要立即改正；对于一些可能会出现脏话、暴力场景的动画片，家长一定不要让孩子观看，以减少孩子接触脏话、狠话的机会。

　　此外，要多跟孩子说"我爱你""宝贝你很棒""你这样做我很开心"之类的话，同时给孩子爱的拥抱。美好的语言和行为会给孩子带来好的体验，他们自然也会学着如此对待他人。

● ● ●

孩子自言自语,家长不要急于打断

很多家长会发现,孩子到了 3 岁左右,常常一边玩儿,嘴里一边嘀咕,一个人在那絮絮叨叨地不知在说什么。这种自言自语的现象,跟鹦鹉学舌和诅咒骂人一样,也是语言敏感期的一个典型特征。

科学研究发现,有 15% ~ 30% 的孩子会出现这种自言自语的现象,多在 3 岁左右达到高峰,到了 6 岁以后,随着社会交往的增多,这种行为便会渐渐消失,个别孩子可能延续到 10 岁左右。

孩子为什么会出现自言自语的行为呢?

人的语言有内部语言和外部语言之分,一般来说,孩子在 3 岁前以学习外部语言为主,3 岁以后,随年龄增长,其内部语言才逐渐形成。孩子的自言自语,正是从外部语言向内部语言的过渡。

通常情况下,孩子自言自语都出现在游戏中,比如孩子在画画时,会一边画,一边自己嘀咕:"这是一条河,一条很大很大的河,河里有水草,还有一条黄鱼、一条红鱼、一条蓝鱼……"这种自言自语可能会一直持续到把画画完为止。

孩子有时候也会和幻想中的朋友说话。这个朋友可能是一个小朋友,也可能是一只熊、一个布娃娃。所以,如果有一天你发现自己的孩子多出来一个看不见的"好朋友",千万不要大惊小怪,因为这都是孩子在语言敏感期的正常表现。然而,很多家长不懂这个道理。

1岁的硕硕正一个人坐在床上玩儿积木。只见他一边玩儿,一边说道:"我摆一个火车头,这个座位是红色的,你坐,这个座位是绿色的,我坐,好不好? 方向盘放哪儿呢?要不放这儿吧……"

见硕硕在那说得起劲儿,妈妈忍不住问道:"硕硕,你在跟谁说话呢?""我在跟我的好朋友欢欢说话呢。"

"欢欢?"

"对啊!"

"哪里有欢欢,你瞎说什么呢!"

见妈妈这样说,硕硕不高兴地噘起了小嘴,积木也不玩儿了。

显然,硕硕妈妈的做法是不对的。

要知道,自言自语不仅有助于孩子语言能力的发展,也是一种正常的心理现象。如果孩子在自言自语时被打断,语言交流受到阻碍,那么不仅他的语言发展会受到影响,性格发展也可能受到影响。

孩子自言自语时,家长应该怎么办呢?

学会倾听

当孩子自言自语的时候,大多数家长会一笑了之,让孩子自娱自乐。其实,这时候家长可以细心观察一下孩子,倾听他们的话语,这也是一种了解孩子、走进孩子内心的手段。

多和孩子对话

处在自言自语阶段的孩子,特别需要家长的引导,此时,家长应该保持耐心和关怀的态度,多与孩子说说话,随时随地告诉他们一些常识,比如"这是×××,它的用处是×××……"等,而不是阻止和训斥孩子。

适当参与其中

当孩子和假想出来的"好朋友"说话时,家长可以参与进来,请孩子介绍你们互相认识,并且假装与这位朋友交谈。这样孩子会很高兴,因为你不仅没有嘲笑他,还认同他。这让孩子怎能不开心呢!

需要一提的是,如果孩子在自言自语时,他们的语言当中没有角色语言,不存在假想玩伴,只是单纯的、经常性的自言自语,没有条理性,忽视外界的环境和变化,就要引起注意了,因为这可能是孩子患有自闭性或孤独性障碍的表现。

● ● ●

孩子变"小结巴",家长不要怕

琪琪一进家门,便兴奋地要告诉妈妈一件事:"妈妈……我明……明天有……有个……"

这时,爸爸在一旁斥责道:"别结巴,好好说,毛毛躁躁的像个什么样子?"然然似乎更结巴了:"妈……妈……我……我……""我我我,我什么,一句话都说不好,还是别说了!"

听到爸爸的批评,琪琪委屈地哭了。

从那天起,琪琪说话时经常出现结巴的情况。3个多月过去了,琪琪说话结巴的情况丝毫没有改善。这让妈妈非常担心,她一直琢磨着是不是该带孩子去看医生?

突然变成"小结巴",是孩子语言敏感期的另一个典型特征。为什么平时说话利索的孩子,突然就说话结巴了呢?其实,这也跟孩子语言发展的特点有关。

孩子到三四岁时,语言发展会非常迅速,但他们的语言表达能力仍处在流畅表达的初期,还不能迅速选择与想法相匹配的词汇,所以,想说的话并不能很容易地表达出来。另外,三四岁的孩子已经有了逻辑思维能力,随着语言能力的发展,他们会希望用更好的语言来表达自己的想法。但是,他们的词汇储备又跟不上思想的发展,导致语言和思维"脱节",于是结巴的现象便出现了。所以,孩子越是急于表达,越是兴奋或紧张,就越容易结巴。一般来说,3岁以后的孩子很多都会出现这种说话结巴的现象,家长不必担心,因为这种现象是暂时的。随着思维能力及语言能力的加强,少则几个月,多则一两年,孩子说话结巴的现象就会逐渐消失。

一些不明就里的家长会贸然带孩子去看医生,这是不提倡的,因为看医生会给孩子带来不良的心理暗示,有可能把临时的现象变成永久性的。

当然,孩子出现结巴现象时,家长无动于衷也是不对的。因为如果不注意引导,当孩子经常遇到某些问题表达不清时,就会形成一种定式,每当遇到某个词便结巴起来,发展下去很可能会成为真正的结巴。

那么,在孩子变"小结巴"阶段,家长应该怎么引导呢?

不要嘲讽、责骂孩子

本来,孩子说话结巴是无意识的,家长不提出来,孩子自己并没有感觉。但有的家长听到孩子说话结巴,就会嘲讽、挖苦孩子,或大声呵斥孩子,甚至模仿孩子结巴的样子。这会使孩子突然意识到:我原来是这么说的!下次他再说那句话时,可能又犯同样的毛病。久而久之,发展为真正的结巴。

耐心等待孩子表达

孩子在语言敏感期突然变结巴,主要是因词汇量跟不上大脑的运转速度,一时想不出要用什么词汇来表达自己的想法。所以在这种时候,家长不能着急,要鼓励孩子慢慢地说,耐心等着孩子找到他想要的词汇。

为孩子树立榜样

在这个特殊时期,家长应该为孩子树立一个好榜样,平时说话语速要适当放慢,语调要平稳,吐字要清晰,要有节奏,让孩子有一个良好的言语学习环境。一定要避免对孩子说"跟我这样说""不要那样说",也不要以不认同的态度模仿孩子的发音,因为这会给孩子造成压力,使结巴更严重。

需要注意的是,如果孩子的结巴现象持续到 6 岁以后仍没有好转,那么家长应该小心了。可去正规医院做个诊断,弄清楚孩子的结巴到底是心理原因还是生理原因,然后对症解决,以免影响孩子语言能力的健康发展。

● ● ●

不要让孩子对说话失去兴趣

孩子的语言能力发展到一定程度,就可以和成人正常交流了,但此时仍要加强语言表达能力的培养。

只要没有发声障碍,话,每个人都会说,但为什么有人说出的话简单明了、条理清晰,有的人却支支吾吾、让人不明所以?其实,这跟语言表达能力的培养有很大关系。

那么,怎样培养孩子的语言表达能力呢?最重要的一点,就是别让孩子失去说话的兴趣。否则,连说话的兴趣都没有,又谈何语言表达能力呢?

怎么才不会让孩子失去说话的兴趣呢?很简单,家长懂得倾听即可。如果孩子主动向家长讲述一件事时,家长没有兴趣听,孩子就会容易受到打击,从而丧失继续说下去的动力和积极性,这显然不利于培养其语言表达能力。

小女孩抱着刚买的布娃娃,对妈妈说:"妈妈,隔壁的苏苏也有一个布娃娃。""哦。"妈妈随口应了一声,像是在想自己的心事。"妈妈,我的布娃娃比苏苏的漂亮。她的布娃娃是她奶奶给她买的。"小女孩继续饶有兴致地说道。

妈妈笑了一下,很快又恢复了严肃的神情。

"妈妈,我要好好照顾她。"小女孩举着手中的布娃娃,"我要给她梳个小辫子,用红头绳扎起来,还要每天给她洗洗脸、洗洗脚,把她打扮得漂漂亮亮的。"

妈妈觉得女儿的话题无聊极了,根本没有兴趣听她说下去。

小女孩跑到妈妈的梳妆台前,拿来一把大梳子和一根红头绳,说:"妈妈,大人用大梳子,小孩用小梳子,所以我要用小梳子给布娃娃梳头发。"

"行了,行了,知道了,你怎么越说越起劲啦!"妈妈皱着眉头,呵斥了一句。女孩莫名其妙地挨了一顿呵斥,吓得呆住了。她想,是不是自己做错了什么,不然为什么妈妈会生气。

其实,类似场景经常出现在小女孩的生活中,每当她有什么事情要跟妈妈讲的时候,妈妈经常会表现得很不耐烦,这使得小女孩情绪很低落,说话的兴趣也大减。

任何人在讲话时,都希望有一个好听众,希望听者对他的话感兴趣,孩子更是如此。

不管孩子要跟大人诉说的事情如何简单,只要家长表现出认真倾听的样子,表现出对孩子的话有浓厚兴趣,都是对孩子讲话的鼓励。得到鼓励,孩子讲话的兴致大增,就会用更丰富的语言更好地表达自己的情感和思想。

那么,当孩子想要跟家长说话时,家长应该如何倾听呢?

倾听时要专注

无论是正在看喜爱的电视节目还是与别人聊天,无论是在工作还是在做家务,当孩子想要和你沟通时,你都应该立即停下正在做的事情,和孩子面对面地坐在一起,全神贯注地听他说话。这不仅是对孩子的尊重,也能为亲子沟通构建良好的情境。

通过眼神表现出倾听的兴趣

在孩子讲述某件事情时,家长应该用好奇的目光、有兴致地看着他们,并且很自然地传递自己的兴趣和愉悦。一定不要东张西望或者眼神游离不定地关注周围的事物。

通过言语表现出倾听的兴趣

在倾听孩子诉说的时候,可以做出简单回应,如"太棒了""真是这样吗""我想的跟你一样"……以此表示你的兴趣。

另外,家长对孩子所谈话题的兴趣还可以用参与谈话的方式传达,而且这种互动性的语言更有利于引导孩子表述自己的想法,把事情说清楚。例如,可以说:"哦,是吗?为什么你的洋娃娃更漂亮?"

通过表情表现出倾听的兴趣

在与孩子沟通的时候,当你觉得不便用言语表达时,可以采用表情来表现出自己的兴趣。

比如,当孩子在谈论一些令人惊奇的事情时,家长应该不断流露出吃惊的表情,孩子最爱吃惊,用成人的话说就是"大惊小怪",他们希望看到成人对自己所说的事情表示出吃惊的表情,能把成人吓住,会让他们很得意;当孩子在谈论一些伤心的事情时,应该在内心努力体验孩子的伤感,并通过面部表情将之表现出来,让孩子感知到你正在认真听他讲话;当孩子在谈论一些非常愉快的事情时,应该开心地倾听孩子诉说,并用微笑传达自己的情绪信息。

总之,家长对孩子的话感兴趣,孩子才有兴趣说下去,才能更好地发展自己的语言能力。

Part
3

社会规范敏感期，教会孩子懂规矩（2.5~6岁）

社会规范敏感期：
想让孩子守规矩，先让他懂规矩

要想让孩子守规矩，家长就必须在定规矩时确认孩子是否理解自己所讲的内容。就像教孩子唱歌一样，要先给他解释歌词的意思，这样他才能记得深刻。否则，孩子对不良行为没有任何认识和概念，会搞不明白规矩到底是什么，不知道大人对他行为的期望是什么，规矩也就成了一纸空文。

孩子为何不懂规矩，没有规则意识呢？主要是由于其自身局限性导致的。

首先，孩子对事物的理解能力不强，所以难以领会各种规矩的含义，哪怕这条规矩非常简单明了。孩子越小，语言表达能力越差，比如1岁多的幼儿只能听懂一些简单的对话，还无法与他人进行正常的交流；2岁多的孩子虽然已经有了较好的交流能力，但对很多语句还是不能理解，这会直接阻碍孩子了解规矩、遵守规矩。

其次，由于缺乏时间感与空间感，孩子也会难以理解父母所定的一些规矩。比如，让孩子"站住"，他可能能听懂，可是如果对他说"等一会儿再让你看电视"，他就有些不明白了。所以家长必须先让他知道这个"一会儿"到底有多长。也许在孩子看来，"一会儿"就是"立刻"。

一旦家长没有立刻给他玩具,没能及时满足他的愿望,他就会吵闹,进而破坏另一个"有话好好说,不准哭闹"的规矩。

那么,如何让孩子懂规矩呢?

制定的规矩必须简单易懂

幼儿,尤其是 2 岁多的孩子,其理解能力还没有那么深刻,自我控制能力也不强。给孩子立规矩时,家长要先从简单易行的规矩开始,让孩子容易遵守。比如,可以在孩子吃饭时,立"不能把饭撒在桌上"的规矩,而不能立"一顿饭必须要吃多少"的规矩。否则,不仅不能让他们很好地守规矩,还会导致他们对吃饭这件事产生抵触情绪。

制定规矩时信号要明确

由于孩子的理解能力有限,他们常常会自动过滤一些信息,只会听他们感兴趣的话,太烦琐、含糊不清的指令会让他们不解。因此,家长在告诉孩子一些规矩时,一定要表达清楚,要用孩子能听懂的语言,明确告诉他们哪些是对的,哪些是错的;哪些事情是该做的,哪些事情是不该做的。

2 岁半的安安很爱骑小轮车。尽管安安爸爸给安安立下了规矩:"骑车时,不能骑到小区的主干道上,因为那里人多,容易被来来往往的车撞到。"然而,安安偶尔还是会骑到主干道上。爸爸生气了,又反复强调了好几遍这个规矩,但安安还是无法理解爸爸说的话,以致变得不知所措起来。于是,爸爸就在主干道入口用粉笔画了一条线,告诉安安,不能越过这条线。后来,安安每次骑到画线的地方,就会掉头回来,因为他知道了自己的活动范围。

无疑，安安爸爸的做法是正确的。当孩子不理解你所制定的规矩时，不妨用最简单明了的办法告诉他。

另外，在跟孩子表述规矩时，要直接说，并且多用正面的、肯定的语言。比如，孩子应该睡觉了，却还在看电视，不能对他说："你要是再看电视，就别睡觉了！"因为孩子无法理解你说这话的真正含义，他会把威胁当成对自己行为的允许，继续看电视。这时，你应该这样说："睡觉的时间到了！妈妈希望你关掉电视！"又如，让孩子遵守交通规则，可以告诉孩子："街上的红灯亮了，你就要停下来，绿灯亮了，你就能继续往前走了。"

一般情况下，家长给孩子表述规矩时，表达到位，孩子就容易理解与接受；而表述不明确，只能让孩子找借口与父母讨价还价，甚至经常不按规矩办事。

如果有必要，可以演示给他看

孩子2岁半后，才有较好的语言交流能力。之前，即使是简单的一句话，孩子也常常无法理解其中的含义。所以，教孩子懂规矩时，家长最好加上肢体语言。比如，在告诉孩子不要动电源插座时，家长可以先用手摸下电源插座，并做出很痛的表情。这样，孩子就会明白动电源插座的严重后果，从而遵守这个规矩。

● ● ●

给孩子定规矩，家人要先统一意见

在给孩子定规矩这个问题上，如果家人意见不统一，不仅会破坏和谐的家庭氛围，而且不利于孩子的健康成长。

今年3岁半的安安是全家人的掌中宝。为了他以后能有出息，爸爸妈妈对他的教育非常上心。但在孩子的教育问题上，因为二人的观念不同，所以经常发生矛盾，有时还会当着孩子的面争吵。

这天，他们又因为安安漱口的问题发生了口角。原来，安安妈妈很注意卫生，她认为孩子小时候就应该培养他勤刷牙的好习惯。然而，安安爸爸却认为孩子还小，没必要每天晚上刷牙，只要每天早晨刷一遍就可以了。

晚上临睡前，妈妈要求安安刷牙，但是安安不乐意，又哭又闹。这时，爸爸在一旁指责妈妈说："大晚上的穷讲究啥？看把孩子惹哭了！"妈妈反驳道："你不知道晚上刷牙的重要性，睡前刷牙比早上刷牙更重要！"她坚持要求安安去刷牙。结果，夫妻二人为此事大吵起来，把一旁的安安都吓哭了。

看到安安受到惊吓，夫妻二人马上停止争吵，跑去哄他。等安安睡着后，妈妈还是觉得需要跟安安爸理论，于是又跟他讲了很多晚上刷牙的好处，但安安爸根本不想听，坚持只让孩子每天早上刷一次。

要求孩子养成良好的卫生习惯是一件好事，但前提是家人要做好协调工作。家人观念不一致，在管教孩子的问题上就会出现矛盾，给孩子定规矩的时候相互指责，既影响彼此感情，也会伤害孩子的幼小心灵，让孩子失去安全感。更重要的是，这样做会让孩子学会给破坏规矩的行为找理由。

赵涛的儿子优优今年6岁，每次看到儿子，赵涛就气不打一处来。因为这孩子太没规矩了，平时吃没吃相，坐没坐相，还经常会从椅子上摔下来。

几天前家里来了一个亲戚，按辈分，孩子应该管那人叫舅姥爷。但让赵涛生气的是，优优居然冲亲戚说："嘿，哥们儿，你叫啥？你给我带好吃的了吗？"

亲戚摸了摸优优的脑袋，亲切地说："优优，好孩子，舅姥爷今天来有急事找你爸妈商量，没来得及给你买好吃的，下次我一定给你买，行不行？"

"真小气！"

见此情景，赵涛急忙教育优优："优优，快叫舅姥爷，爸爸平时不是经常告诉你，家里来客人时，要懂礼貌吗？你怎么这么没礼貌呢？快叫！"

"不叫！"

"不叫，看我待会儿怎么教训你？！"

"你敢！你要是敢打我，我就告诉你爸，让你爸教训你！"

优优一副天不怕地不怕的无赖相，让赵涛瞬间没辙了。因为他知道儿子说得没错，要是他敢打儿子，自己的父亲一定饶不了自己。看来想给孩子立规矩是立不成了。

故事中，赵涛想给儿子立规矩，但由于自己的父亲没跟自己站在同一战线上，家人之间没有统一的思想与观点，立的规矩成了摆设。因此，在给孩子定规矩、定什么规矩、如何定规矩的问题上，家人一定要"统一战线"，形成统一意见，对孩子采取一致的态度。

那么，具体应该怎么做呢？

给孩子定规矩时，提前与家人沟通

在给孩子定规矩前，最好能先召开一次家庭会议，提前做好沟通，比如给孩子立哪些规矩，采取什么方式。在得到家人的支持后，再着手制定规矩。

正视冲突并解决问题，树立合力教育意识

当家人之间就孩子的教育问题产生冲突时，彼此都应该予以正视，不要敌视，也不要漠视。要针对问题好好沟通，求同存异。

另外，教育孩子，力量只能合，不能分。"合"应该"合"在正确的教育思想与教育方法上。这就要求家长认真地反思自己的教育思想和教育行为是否有不妥之处，谦虚的态度和必要的学习是不可或缺的。同时，也应认真回顾其他长辈的教育行为是否有可取之处，自己的问题出在哪里。

不要当着孩子的面争吵

当着孩子的面争吵会影响长辈在孩子心中的威望。所以当双方出现矛盾时，最好能冷静地进行沟通，统一意见。如果觉得自己难以控制情绪，最好暂时停止沟通，等情绪平复后再和对方好好交换意见。

规矩少而精，才有真正的约束力

给孩子定规矩，一定要全面考虑，遵循少而精的准则，循序渐进地引导孩子按规矩办事。

如果家长只求数量，不管教育的效果，不仅会得不偿失，还会破坏家庭气氛。

下面来看一位母亲给 5 岁的儿子定下的规矩：

吃饭用手抓就拿筷子打手，拿一次打一次，拿两次打两次……前五次下手轻点，后面就重重地打；

做事拖拉，就规定穿衣不能超过 3 分钟，上厕所不能超过 4 分钟，超过 1 分钟就罚面壁 5 分钟；

看电视每天不能超过 30 分钟，超过的话不许吃巧克力；

见人必须打招呼，否则当天不能看漫画，看漫画每天也不能超过 30 分钟，超过的话不许出去玩耍；

每天喝水必须超过 5 杯，少喝一杯就不许玩玩具；

玩完玩具，要自己收拾，不收拾就不能玩游戏；玩游戏每次不许超过 30 分钟，超过的话就不许看动画片；

…………

在这位妈妈看来，吃饭用手抓，做事拖拉，见人不打招呼，看电视时间太长，痴迷看漫画、玩游戏，玩玩具不收拾，不爱喝水，经常吃零食……都是问题，都需要管束。

然而规矩是永远立不完的，孩子一直在成长，爱好在变化，如果家长凡事都要立规矩，那可真是无穷无尽了。当孩子被一大堆规矩团团"包围"时，很容易因压力过大而不愿合作。

另外，面对如此多的规矩，家长如何监督执行呢？我们都知道，规矩越多，监督起来也就越困难，很容易乱套。

然而，如果不去监督执行，那立规矩就失去了意义，孩子也不会认真遵守，到最后，可能连对家长的信任和敬畏都没有了。

所以，在日常生活中我们往往会发现，那些立规矩越多的、管教越严厉的家长，反而越管不住孩子。

因此，规矩少而精，孩子接受起来才比较容易，才会逐渐认可这些约束，知道有些事情是需要有所节制的。

那么，家长在定规矩时，如何把握这个"少而精"的准则呢？

从最基本的规矩开始制定

家长定规矩，自然是希望孩子能够遵守。为了避免达不到目的，在开始时可以选择一些最基本的方面来要求孩子尝试着做。另外，给孩子定规矩要讲究质量，把握重点，即根据孩子不同年龄阶段的特点，针对主要问题制定可操作的行为规范。如 4 岁的孩子好奇心强，尤其是男孩子，家长要对潜在的危机源特别注意，如电源插板、打火机等，要反复明确告诉孩子那些东西不可以玩。

● ● ●

定规矩切忌"朝令夕改"

无论家长为孩子定下了何种规矩,"朝令夕改"都是最容易让孩子感到困惑和难以接受的,是家长需要极力避免的。

去年春天,考虑到玩滑板车不仅可以锻炼孩子的手脚协调能力,还可以培养孩子的平衡感,晨晨妈就给 4 岁的晨晨买了一辆滑板车,并规定晨晨每天从幼儿园回家后可以去小区楼下的空地上玩 1 小时,然后自己将滑板车带回家。

刚买来时,晨晨练习了两次就摔了很多跤,不过他很快就学会了,并爱上了这项运动。每天,他都会骑着心爱的滑板车,约上小伙伴一起去玩儿。

转眼间冬天到了,由于管理不善,小区空地上有些地方结了冰,路面变得坑坑洼洼,高低不平。而且,这片空地此时已经成了人们健身的宝地,每天晚上都有很多中老年人在这里跳舞、唱歌、舞剑等,非常热闹。

出于安全方面的考虑,妈妈对规定做出了修改:每天从幼儿园回家后可以去楼下玩一会儿,但坚决不能玩滑板车。对此,晨晨有点难以接受,他总是会问妈妈:"妈妈,为什么原来可以玩儿滑板车,现在就不让了呢?"小家伙对此很困惑。

规矩一旦定下，需要大家共同遵守。只有客观事实发生重大改变，彼此共处时的需求也发生了很大改变，才能考虑改变规矩。如果家长只是为了自己方便，或为了自己感觉更好、更安心，便擅自改变规矩，孩子会感觉不公平，也很难理解。

换位思考一下，如果你和朋友约定好，但对方突然说："很抱歉，我觉得原来的约定不适合我了，咱们改成×××"而且，在你还没表态时就独断专行，要求你遵守新约定，你是否会有不解、愤怒和委屈呢？如果会，那孩子的心情也如此。

因此，定规矩切忌"朝令夕改"。确实需要对已有的规矩进行修订时，必须要给予孩子平等的话语权，允许孩子尽情地表达自己。规矩的改变是一个重新找到彼此都能接受、理解和认同的新的行为规范的过程。如果家长忽略了孩子的心理需求，一味地自说自话，那无疑是在用强权迫使孩子顺从，这样制定出来的规矩很难得到孩子的认可，更别说让他们配合遵守了。

修改规矩时，家长一定要坦诚地告诉孩子，你们遇到了什么样的新情况或新问题，让孩子知晓新规矩的合理性，并让孩子参与到新规则的拟定中，倾听孩子的声音和情绪，最终找到一个共赢的解决方案。这样修改后的新规矩才更有可能得到孩子的支持，并让他们心甘情愿地去执行。

● ● ●

及时奖罚 + 好建议 = 成功的规矩

要想成功给孩子定规矩,家长不仅要采取有效、有力的方式及时对孩子进行奖罚,还要对孩子提出良好的建议,指导孩子养成良好的行为习惯。

奖励和惩罚都要及时

在给孩子定某一项规矩时,很多家长会制定奖励或处罚措施,这无可厚非,因为奖励可以促使孩子按照规矩来做事,惩罚可以让孩子体会到规矩的不可违背。然而在具体实施过程中,有些家长在执行奖罚措施时不及时,即在应该奖励孩子时没有立即执行,而是一拖再拖;在应该处罚孩子时,家长总显得不够果断。但是,如果奖励或处罚不及时,孩子是很难意识到守规矩的重要性的。

每天晚上睡觉前,妈妈都要和小风一起洗脚。可是不知道为什么,最近这段时间小风不愿意和妈妈一起洗脚了,她每次都会找借口逃脱。

这天,小风又不想洗脚了,爸爸看着她说:"我记得,咱们之前定规矩的时候说,要是谁违反了规矩,就要负责倒一个星期的垃圾。你还记得吗?"

小凤想了半天才想起来这件事,但是,她完全没有当回事:"这么长时间都过去了,惩罚措施没必要再执行了吧?"

爸爸不同意,说道:"你算算你都连续几天没洗脚了。以前都没罚过你,这次一定要罚罚你,让你倒一个月垃圾,记住这个教训!"

小凤不服气地说:"就不倒!谁让你之前不罚我!说不倒就不倒!"

常言道:"赏不逾时,罚不迁列。"延迟惩戒,孩子会因时过境迁而忘记自己的过错,甚至会误认为家长在放任自己的错误行为。上面这个故事中,正是由于爸爸没有及时对小秋进行教育,并采取一些惩罚措施,才使得小秋一再犯相同的错误。

另外,在给孩子定规矩时,家长如果不及时对孩子进行奖罚,也会让孩子觉得家长说话不算数,进而对家长失去信任,并因此不再守规矩。所以,给孩子定了规矩以后,要根据孩子的表现,及时奖罚孩子。

奖励孩子要以精神奖励为主

生活中,很多家长动辄以金钱、物质作为奖励,这样做可能一开始会收到一定的效果,最终却会导致孩子过分追求物质利益,甚至把守规矩作为交换奖赏的筹码。所以,给孩子制定的奖励措施一定要得当。一般情况下,家长在制定奖励措施时要以精神奖励为主,如口头表扬、亲亲脸等。而物质奖励最好用价格不高的物品,比如奖励给他一袋零食、一套文具用品或一本书。具体而言,奖励孩子主要有以下几种方式:

(1)激起孩子的荣誉感

孩子在幼儿园有好的表现时,老师会奖励孩子小红花,激起孩子的荣誉感。家长也可以模仿这种做法,例如,当孩子按照规矩办事时,就在墙上贴一朵小红花,让孩子以此为荣。

（2）允许孩子做他爱做的事

当孩子有良好行为及表现时，可以允许他做自己爱做的事。例如看动画片、玩玩具等，让他明白，这是由于表现好才得到的机会。

此外，还应知道，奖励孩子的最高级别，就是将一些主导权交给孩子。例如，让孩子来决定全家周末的活动、选择到哪家饭店吃饭、请小伙伴到家里做客……让孩子选择一件自己喜欢做的事情，才是最受孩子欢迎的奖励。

处罚孩子要适当

当孩子不守规矩时，给予惩罚也是必不可少的。惩罚孩子的目的是引起孩子的良性转化。一旦惩罚过重，就容易引起孩子的对抗情绪，甚至产生"破罐子破摔"心理，可是，惩罚过轻又不足以使孩子引以为戒，所以惩罚措施一定要得当。具体而言，惩罚孩子主要有以下几种方式：

（1）语言批评

当孩子出现某种不良行为或破坏某项规矩时，家长适当对他加以批评，可以使其认识到自己的错误，并从错误中吸取教训，不再重犯。批评孩子时，要把握四个原则：人多不批评、睡前不批评、进餐不批评、错误不重提。

（2）用行动弥补过错

当孩子出现乱写乱画、乱丢东西等行为时，可以让孩子自己清除污迹、清理房间，作为对其错误行为的一种惩罚。

（3）没收心爱的东西

一旦孩子有了不好的行为，可以将孩子心爱的东西，如玩具、零食等暂时没收，作为惩罚。

(4)剥夺某些权利

在处罚不守规矩的孩子时,还可以剥夺他的某些权利,如不让他出去玩,不让他看电视,取消和他外出看电影的计划等。待孩子日后表现优秀时,再及时恢复这些权利。

(5)暂时隔离

这是一种温和的惩罚方法,也就是正面管教里提到的"积极暂停",即把孩子从他不当行为受强化的情景中带走,送到他自己的房间或其他地方。但"积极暂停"的时间不宜太长。

另外,家长在惩罚孩子的过程中,还要注意以下几点:一是控制自己的情绪,注意措辞、语气,不要使用威胁、恐吓的话语;二是认真执行处罚措施,尽量做到不宽容、不妥协;三是处罚的地点应选择在不显眼、不正对大门的地方,以免伤及孩子自尊;四是注意安全,处罚时,一定不要伤害孩子的身体。

奖罚的同时提供适当的帮助

给孩子定规矩时,家长除了要运用奖惩的手段培养孩子的良好习惯或行为外,还要做孩子的参谋,多帮孩子,如多给孩子提好的建议,遇到困难时,帮孩子一起分析原因。

李冰的儿子天天有做事磨蹭的毛病,于是,李冰就给天天立了规矩:做事要干脆利索,避免磨蹭。为此,他要求天天每天要把必做的事情列在一张表格里。此外,他还建议天天每天放学回家后先做应该做的事情,如果这些事情能在 9 点之前做完,就允许天天看会儿电视,或者玩一会儿电脑游戏。如果天天在该睡觉时还没完成,就取消他看电视、玩游戏的权利。

同时，李冰还帮助天天分析了做事磨蹭的原因，原来是因为天天做事不专心，注意力不集中。了解原因后，李冰建议天天以后做事情时，一定要专心做一件事。后来，天天逐渐养成了做事专心的好习惯，磨蹭的毛病也逐渐改掉了。

由此可见，当孩子身上出现某种不良行为时，对孩子提出切实可行的建议，给他们指明前进的方向，是家长最明智的选择。

● ● ●

要让孩子明白：规矩面前人人平等

我们常说"王子犯法与庶民同罪""法律面前人人平等"，其实，在规矩面前，也要人人平等。一旦定下规矩，不管是家长还是孩子，都应严格遵守，不能随意通融和打破规矩。

家长必须让孩子明白这一点，孩子才能正确理解规矩，正确对待规矩，进而自觉地遵守规矩。

老孙的儿子叫果果，今年上幼儿园中班。果果有一个同学叫蒙蒙，蒙蒙家就在果果家隔壁，因此两人的关系非常好，经常一起玩耍。

一个周末的下午，蒙蒙来找果果玩，果果的表姐静静也在，三个孩子在一起玩得可开心了。

玩着玩着，蒙蒙突然看到果果家客厅的电视机上放着一个装糖的透明糖盒，里面有好多五颜六色的糖果。于是，她问老孙能不能让她吃几块。老孙爽快地答应了，但提出只能拿两块。

为什么她只能拿两块？原来，老孙和儿子果果早就约定好了，无论是谁，每人每次只能吃两块糖。

听到有糖果吃，三个孩子都过来各拿了两块。

没多久，静静就跑到老孙面前告状道："叔叔，叔叔！蒙蒙又拿了好几块糖，她说她要带几块给她妹妹吃。"

老孙听后,来到蒙蒙跟前,拉着她的手道:"孩子,每次只能拿两块糖是我们家的规矩,如果你想让妹妹吃糖,就把妹妹叫过来,好吗?但是,现在呢,为了遵守规矩,你得把多拿的糖放回去,可以吗?这样,叔叔下次才会再拿糖给你吃!"

蒙蒙听了,只好将多拿的糖放了回去。

对于老孙的做法,很多家长是不是嗤之以鼻,认为他太小气了,居然为了两块糖与一个孩子计较?

表面上看,是老孙过于小气,但实际上,他是在坚守跟孩子制定的规矩。如果他因为别的孩子而破坏了规矩,自己的孩子就会有这样的想法:"为什么我一定要遵守爸爸定的规矩,而其他小朋友却可以破例呢?"一旦产生这样的想法,孩子就会有样学样,不守规矩。长此以往,不但家长的威信无法树立,孩子也可能从此视规矩于无物。

想让孩子在不同的场合有意识地约束自己的行为,家长就要懂得培养孩子的规则意识。换句话说,如果想让孩子遵守规矩,家长就应该让孩子从小明白,无论何人在规矩面前都一律平等。

要让孩子明白这一点,家长应该这么做:

给孩子立的规矩,家中其他成员也要遵守

规矩并不独属孩子,它应该成为一个家庭共同遵守的法则。比如,你让孩子早睡早起,家里其他人也不能熬夜晚睡、早上赖床。要求所有家庭成员都遵守某一规矩,会让孩子感觉这规矩不是针对他,而是针对家里所有人的。这样,他就会更愿意遵守规矩。

赋予孩子监督的权力

在制定规矩时,要给孩子监督其他家庭成员的权力。任何人破坏规矩,都要接受处罚,让孩子感到公平,从而让他有持之以恒的信心,并形成良好的生活习惯和规则意识。

● ● ●

规矩不是绝对不能打破的

定好规矩后,如果在执行过程中遇到突发事件该如何应对呢?是完全按照规矩执行,还是灵活一些呢?

3岁的牛牛活泼可爱,家人都很喜欢他。妈妈虽然也很疼爱他,对他的管教却非常严格,为他制定了很多规矩。例如,必须按时睡觉,每天看电视不能超过30分钟,一天要学会几个拼音、字母等。

在给牛牛定规矩的时候,妈妈做出了明确的时间和数量规定,她希望儿子能通过遵守这些规矩而养成好习惯。然而,小小年纪的牛牛怎么会理解妈妈的用意呢?他本人可对这些规矩非常不满意。

这天,吃完午饭后,牛牛坐在椅子上看自己喜欢的动画片。根据规定,吃完午饭玩一会儿,牛牛就应该回房间午睡。眼看时间到了,可是牛牛依然坐在椅子上纹丝不动,眼睛紧紧盯着电视。妈妈不禁开口提醒:"1点了,该睡觉了。"

此时电视上正在播《熊出没》,这是牛牛最爱看的动画片,于是他大声嚷道:"我不要睡觉,我要看电视!"

妈妈有些生气地说:"你又不听话了,妈妈之前跟你说过,中午1点要睡午觉。"

可牛牛依然坚持说:"妈妈,再看一小会儿。"

牛牛根本没有要睡觉的意思，这让妈妈非常生气，她快步走到电视机前，关掉了电视机，转身对牛牛说："快去睡觉！"

牛牛哭了起来，一边哭一边说自己还要看熊大和熊二。妈妈强行把牛牛拽到床上，铺好床哄着他睡觉，好不容易才把他哄睡着了。

为了让孩子养成好习惯，牛牛的妈妈给他定规矩，这本无可厚非，也说明她是一位非常负责任的母亲。然而，在执行过程中，她采取了非常强硬的手段。对于一个只有3岁的孩子来说，这样做未免有些矫枉过正。

孩子一般都喜欢看动画片，特别是看自己最喜欢的动画片时，家长强迫他去做其他事情，他肯定不会愿意。在此情况下，如果一味地按规矩办事，可能会伤害孩子幼小的心灵。因此，家长在规矩的执行上，要根据具体情况灵活处理，可以有妥协、有商量，如让他把这集动画片看完再去午睡。

爱吃的零食多吃一点儿、中午看一会儿电视、晚睡一小会儿……在孩子的要求下，偶尔"放宽政策"，打破规矩，满足他的愿望，会让孩子更乐于接受规矩，更加自觉地遵守规矩。而如果太死板，坚决拒绝孩子的要求，孩子就会对这个规矩产生反感情绪，亲子关系也可能会受到影响，进而激起孩子的逆反心理，以致本来可以接受的规矩，此时也会故意不接受了。迫于无奈去遵守死板的规矩，与自愿遵守有弹性的规矩，这二者是有天壤之别的。

试想一下，作为成人的我们偶尔都想放纵一下，随意一些，更何况是孩子！灵活变通地处理问题，能给孩子更自由的空间。因为无论是成人还是孩子，都会有这样一种心理：越是别人不让做的事情，越想做；如果愿望适当得到满足，目的达到了，反而不会那么迫切地想去做了。所以，请给予孩子一定的信任。要相信，偶然的一次"放纵"，并不会让他养成坏习惯，有时反而会让他明白你制定规矩的用意。有时适当打破规矩满足孩子的要求，也意味着对孩子的尊重。

有位妈妈在谈到自己的儿子时，这样说道：

我儿子今年 4 岁了，他平时只对玩具感兴趣，可以不要吃的、不要喝的，但一定要买各式各样的玩具。可是现在商场里的玩具种类那么多，怎么买得过来呢？于是，经过商量后，我和儿子约定两个月只能买一个玩具。

然而，当他看完电影《变形金刚》后，就迷上了高大威武、有责任心的擎天柱，一直嚷嚷着要买一个擎天柱的模型玩具，此时距离买上一个玩具才过去一个月。看着他对擎天柱念念不忘，最终，我还是决定买给他。

没想到，儿子在得到自己心爱的玩具后，那个晚上的表现可好了。回到家主动要求洗澡，主动夹自己平时最不喜欢吃的青菜，主动刷牙，主动按时上床睡觉……真是比平时省心多了。

千万不要小看孩子的幼小心灵，一旦他的某些情感得到了满足，他会变得听话、懂事，甚至能够主动去完成平时不喜欢做的事情，这是小孩子最直接的情感表达方式。因为孩子也是独立存在的个体，当合理的要求得到父母的尊重与肯定后，他一样会懂得感恩与回报。

总之，请记住，规矩不是绝对不能够打破的。在管教孩子的时候，偶尔在不违背原则的前提下适当地调整规矩，将有利于孩子更健康地成长。

● ● ●

不要用成年人的标准来约束孩子

小文今年 4 岁了,他活泼好动,虽然有点顽皮,但很讨人喜欢。深爱小文的妈妈为了能让他以后有出息,给他制定了很多规矩,只要她能想到的,都立了条条框框。例如,小文很爱踢球,妈妈却定了好多规矩:每天只能踢半小时,中午、晚上不能踢。然而小文很不理解妈妈的做法,经常和妈妈因定的规矩冲突。

有一次,小文吃完晚饭,找来一个球在客厅里玩起来。妈妈在厨房里收拾东西,听到客厅有动静,便探出头来。一看到小文正在高兴地踢球,妈妈立刻走了出来,生气地说:"你怎么又踢上了?不是告诉你晚饭后不准踢球吗?楼下的老奶奶已经为这事儿找过我好几回了,你搞出这么大动静,她一会儿又要上来了!赶紧把球收起来!"

小文扭头看了一眼妈妈,并没有理睬她,转身又继续玩起来。妈妈生气了,上前没收了球,并责令小文进屋反省。不一会儿,屋里就传出了小文的哭声,小文爱好踢球,妈妈为了邻里和睦却不许小文在家里踢球。

其实,在我们身边,有很多像小文妈妈一样的家长,他们总是一厢情愿地从成人的角度来规定孩子这个不可以做,那个不可以做,看似管得合情合理,却在无意中扼杀了孩子极为宝贵的童心、好奇心。比如，刚买回来的玩具被孩子拆坏了，从这一"破坏性"的行为中应该看到孩子求知的欲望——他要看个究竟，他想了解未知的世界。但是家长把玩具放在孩子够不到的衣柜上，并规定孩子再也不许拆玩具……这其实并不利于孩子的成长。

很多家长不仅看不到孩子身上的闪光点，还按照自己的期望塑造孩子，安排孩子的生活。他们竭尽全力使孩子吃好穿好，不遗余力地进行"智力投资"，总希望孩子"听话""不淘气"，于是定出各种限制、禁令。做手工怕孩子受伤，画画怕孩子弄脏衣服……孩子最好乖乖地坐在那里，不说不闹静悄悄！

孩子有孩子的特点，在给孩子立规矩的时候不要以成人的标准来强行约束他们的行为。尤其是三四岁的孩子，正处于身心发展的关键期，在教育孩子的时候，要重视保护孩子纯真的个性，为其创造适宜的成长空间。例如上述故事中，小文吃完晚饭后想踢球，妈妈不应该出面制止，而应该灵活引导孩子，比如可以与孩子一起传球，既不影响邻里休息，又能使亲子关系更加融洽。

● ● ●

尊重孩子,才能让孩子接纳你的规矩

在给孩子立规矩时,只有尊重孩子,凡事多站在孩子的角度去考虑问题,才能让孩子更容易接纳规矩,进而遵守规矩。

然而在现实生活中,当孩子不遵守规矩或者破坏规矩时,很多家长只是一味地批评、责骂孩子,从来不知道要尊重孩子,不考虑孩子的感受。这样做只能让孩子产生消极对立情绪,以致凡事都和大人唱反调。长此以往,不仅不利于给孩子立规矩,还会造成亲子关系紧张。

妙妙今年上幼儿园中班。为了培养她的优雅气质,自她3岁起,妈妈就给她报了古筝培训班,让她去学古筝,还规定她每天都必须弹1小时古筝。一开始,妙妙很听妈妈的话,然而时间久了,看着其他小朋友每天回家后就去小区广场上玩,妙妙就羡慕起来了。

一天放学后,妙妙妈没时间去学校接妙妙,妙妙就和邻居的孩子一起回来了。她俩在半路上就约好去小区广场上玩耍。于是,妙妙这一整天都没有练习弹古筝。

后来,妈妈从邻居口中得知这一消息,将妙妙狠狠地批评了一顿:"让你弹古筝你就不弹,你怎么这么不听话,一门心思地想玩,没有半点上进心,将来你能干什么?"

"妈妈,我不想学古筝,我不喜欢,你们别让我学了……"
"我喜欢画画,我长大后想当一名画家!"

孩子喜欢画画,妈妈却让孩子学古筝,并给孩子定下每天要练习多长时间的规矩,一旦孩子不守规矩,妈妈就发脾气。其实,不少家长都有这样的通病,总觉得孩子小,不懂事,需要事事听自己的。他们从不考虑给孩子定的规矩是否符合孩子的心理需求,是否会影响孩子的健康发展,只是一味地要求孩子遵守规矩。殊不知,只有在尊重孩子的前提下将规矩定得合情合理,规矩才能发挥最大作用,否则只能适得其反。

那么,在给孩子定规矩时,应该怎样做呢?

正视和接纳孩子的缺点

每个人身上或多或少都会有一些缺点。家长一定要在正视和接纳孩子缺点的前提下给孩子定规矩,从而帮助其改正缺点。千万不要因为孩子有缺点,或多次破坏规矩,就一个劲儿地数落、讽刺、挖苦孩子。要知道,这样做不仅容易使孩子消沉、迷惘,还会在家长和孩子之间筑起一道高墙。

学会蹲下来和孩子说话

给孩子定规矩,家长要放下架子,以平等的心态对待孩子,把孩子当成一个独立的个体来看待,蹲下来和孩子说话。这样,孩子会感觉到平等和家长对自己的尊重,从而把他的真实想法告诉家长。只有当家长走进孩子的内心世界后,孩子才会接纳家长制定的规矩。

如果家长总是把自己摆在"高孩子一等"的地位,认为自己说什么孩子就得听什么，随意给孩子定规矩，孩子要么会变得胆小、懦弱、没有主见，要么会变得叛逆。

与孩子一起制定规矩

不少家长认为规矩应该由成人制定，之后让孩子遵守就可以了。实际上，因为活动的主体是孩子，如果不尊重他们的意见，规矩就会变为强迫命令，甚至成为压制、约束孩子合理要求和愿望的手段。因此，在给孩子立规矩时，要尊重孩子的想法和选择，与他们一起商量应该在哪些方面制定规矩，具体应该做到哪些，或提前将这些事情告知孩子。

立规矩时给孩子足够的自由空间

在给孩子立相应的规矩时，也要给孩子自由发展的空间。比如，给孩子定下了物品归位的规矩，既要让孩子知道各种用品、玩具都有固定的摆放位置，使用后应及时放回原处，同时也要给孩子相应的自由，如只要孩子及时将玩具放回原处，就要允许孩子自主支配玩具，如将玩具借给其他小朋友。

"人前不教子"，给孩子留"面子"

孩子虽小，却有很强的自尊心，家长在给孩子立规矩时，一定要维护孩子的自尊，保护孩子的"面子"，不要当众大声呵斥孩子。因为呵斥会让孩子失去守规矩的信心。

让孩子守规矩要用情,不能用计

教育孩子需要投入极大的情感和精力,让孩子守规矩,家长需要投入真情,用心与孩子进行沟通。然而,在生活中,不少自以为高明的家长,为了让孩子守规矩,不惜采取哄骗的方法。但是,这样做真的会有效果吗?

4岁的冬冬长得虎头虎脑,十分可爱。然而最近他身上出现了一些不好的习惯,比如从外面回到家后不愿意洗手,还会无意识地咬指甲;当大人提醒他做一些他不爱做的事情时,经常要三番四次地提醒,但他仍然像没听见一样。诸如此类的问题还有很多。

妈妈觉得冬冬的这些坏习惯会影响他以后的成长,为了让他改掉这些习惯,就给冬冬制定了一系列的规矩,并告诉他一定要按自己的要求去做,否则没人会喜欢他。然而冬冬无法理解妈妈的做法,不愿意按她的要求去做。无奈之下,妈妈只好使用一些计谋来哄骗他遵守规矩。

这天,冬冬和小伙伴在楼下的广场上踢足球,很快就把身上弄得满是泥土。看到冬冬的样子,妈妈有点生气,她要求冬冬回家后必须先洗个澡,之后才能吃饭。

此时的冬冬经过一番运动,早已饿得前胸贴后背了,所以一进门就嚷嚷着要吃饭。妈妈想让他先洗澡，于是哄骗他道："你要是乖乖去洗澡，我就给你买你最喜欢的汽车模型。"为了得到玩具，冬冬便听从了妈妈的话。

洗完澡后，冬冬一直缠着妈妈要她履行诺言。妈妈故意骗他，把他以前玩过的玩具装在盒子里说是新买的。接着，她又安抚道："儿子，乖，妈妈给你做你最爱吃的西红柿炒鸡蛋。"就这样，冬冬被妈妈骗过了。然而时间一长，冬冬发现妈妈总是言而无信，就不再信任妈妈了。

为了让冬冬听话，妈妈使用了一些计谋哄骗他。看似高明，其实愚蠢。不然冬冬也不会在发现妈妈总是言而无信后便不再好好听话了。

孩子的内心世界很丰富，对外界的刺激也很敏感。他们与他人的情感交流就像一面镜子，你对它笑，它就会对你笑；你对它发怒，它也会对你发怒。在管教孩子时，家长积极地投入爱，用心与孩子对话，向孩子传递正能量，让孩子愿意与家长互动，会促进孩子情商的发展，从而让孩子更容易接受家长的管教。反之，家长一味采取欺骗的手段来让孩子守规矩，孩子自然会对家长失望，继而失去对家长的信任。

那么，具体应该怎么做呢？

告诉孩子这样做的原因

为了让孩子守规矩，家长首先要告诉孩子为什么要这样做。例如，不能咬指甲是因为指甲缝中藏有大量的病菌，咬指甲会把病菌带入口腔和体内，这些病菌是看不见、摸不到的，一旦吃进肚子里，人就会生病。

其实，3岁以上的孩子已经能够听明白一些浅显的道理了。然而偏偏有一些家长认为孩子什么都不懂，不愿意给孩子讲道理，而是采取一些不恰当的做法，结果导致孩子产生抵触情绪。

因此，当孩子无视规矩时，家长要尝试着跟孩子讲道理，还可以在网络上找一些相关的图片或视频给孩子看，并加以讲解。慢慢孩子就会明白家长的用意，更守规矩。

用心与孩子交流

家长给孩子定规矩是为了孩子更好地成长，家长的心愿是美好的；孩子希望无拘无束、开心快乐地生活，心愿是纯真的。当家长给孩子定规矩时，这两种心愿就会发生碰撞，产生矛盾。要想妥善解决这一问题，就需要家长与孩子真心交流，用真情感染孩子，告诉孩子：爸爸妈妈是爱你的，定规矩是为了你好。当孩子体会到家长的关爱时，自然会更乐意接受家长制定的规矩。

● ● ●

Part 4

人际关系敏感期，培养孩子的社交能力（3~6岁）

人际关系敏感期：帮孩子融入群体

社会交往能力越强的人越容易走向成功。随着社会的进步，孩子的成长环境越来越丰富，孩子也有了更多在外表现的机会，家长该怎样帮助孩子，尤其是那些害羞腼腆的孩子更加顺利地融入新的团体中，让孩子在学习好、能力强的同时，有个好人缘呢？

给孩子积极的暗示

有些家长为了在社交场合挽回面子，常常当着孩子的面对别人说"我女儿太腼腆""孩子有点儿认生"。孩子听多了家长对自己的这些评价，就会认为自己的个性就是内向的、害羞的，从而视之为理所当然，以后还会利用这个标志来逃避不喜欢的人，让害羞成为有意识的行为。所以，家长要正确看待和理解孩子害羞的行为，多鼓励他们，给他们积极的暗示，而不是给他们乱贴负面标签。

开心是个很容易害羞的女孩。偶尔有熟悉的长辈对她开个玩笑，她不是支吾着说不出话来，就是哭着跑开了。所以每次妈妈带着开心出门，回家后都免不了要批评她一顿："我怎么有你这么个女儿，连句完整话都说不出来！"为了避免尴尬，妈妈带开心出门的次数越来越少了。开心很伤心，却又不知道该怎么办。

一天，妈妈的朋友来家里做客，还带来了一个活泼可爱的小妹妹。在开心房间，小妹妹央求开心跟自己一起唱儿歌，开心起初不敢，但禁不住小妹妹的反复恳求，还是答应了。没想到，小妹妹居然拉着开心来到客厅，要给大人表演。开心不想让小妹妹失望，结果，两个孩子就当着大人的面唱了歌，还跳了舞。开心的爸爸妈妈和客人们都很高兴，交口称赞。开心自己也很开心。

客人离开后，妈妈对开心说："你今天的表现太棒了！妈妈终于知道开心也是个开朗大方的孩子。过去是妈妈不好，误会了你，还总是批评你。现在，妈妈跟你说对不起。"看着妈妈真诚的样子，一直笼罩在开心心头的乌云渐渐消散了。

有时候，孩子之所以在人际交往中显得紧张慌乱，与家长不当的教育方式有很大关系。一个自信心严重受创的孩子，又怎么能变得开朗大方呢？当孩子害羞胆怯、不知所措的时候，家长要做的，就是无条件地支持和鼓励他们。

让孩子学习与陌生人说话

有些家长怕孩子在外面受欺负或学坏，就经常吓唬孩子，不让孩子与陌生人接触，时间久了，孩子变得胆小、怕见生人；还有些家长怕孩子与外界接触会传染疾病，而情愿选择让他们闭门独处。事实上，教会孩子如何面对陌生人要比将他们与外界隔离好得多。家长应该为孩子创造外出活动和与人交往的条件，鼓励孩子和周围的小朋友一起玩耍，他们的交往能力会自然而然地得到提高。比如，经常和左邻右舍打招呼，节假日走亲访友，利用购物、散步、乘车的机会和陌生人接触等。

鼓励孩子与朋友互相到各自家里做客

有些家长为了保持家中干净整洁，不太愿意让孩子邀请朋友来家里玩儿。事实上，如果家长鼓励孩子邀请朋友到家里来玩儿，孩子们就有更多的机会学习处理在游戏过程中可能发生的突发事件。家长还可以鼓励孩子带些小礼物去朋友家做客，这样既礼貌，又能让孩子学会分享。

修正孩子交往中的不当行为

在交往过程中，孩子可能出现不当行为，比如不讲礼貌、过分吝啬或者欺负小朋友等。家长要帮助孩子认识自己行为的不当之处，帮助他改进；还要教给孩子日常礼貌用语，因为当孩子在别人面前能够很好地使用礼貌用语时，通常会得到对方的良好反馈，这可极大增强孩子与他人交往时的信心。

● ● ●

微笑是搭建友谊的桥梁

美国成功学大师拿破仑·希尔曾这样总结微笑的力量："真诚的微笑,其效用如同神奇的按钮,能立刻接通他人友善的感情。因为它在告诉对方:我喜欢你,我愿意做你的朋友。同时,它也在说:我想你也会喜欢我的。"的确,微笑是世界上最美丽的表情,是世界上最动听的语言。没有什么能比一个微笑更能打动人心了。

著名作家三毛生前一直念念不忘这样一段往事:

在美国的一座公园里,一个大男孩忽然在她面前站住,友好地对她一笑,然后就跑开了。过一会儿他又跑回来,脸上还带着那种率真的笑,他轻轻拍了拍三毛的脸,然后递给她一株平凡而美丽的青草……

如果没有那友好而率真的笑,三毛是不太可能对一个陌生的大男孩记忆犹新的,更不会对这件事念念不忘。可见,微笑是传递友善、拉近人与人之间距离的有效办法。所以,想要在人际关系敏感期把孩子培养成一个社交达人,让孩子学会微笑是必不可少的。

然而现实是,很多孩子,尤其是女孩,在面对陌生人或不够熟悉的人时,表现出来的只有胆小、怯懦和畏缩不前,根本不会微笑。美国心理学专家琳达·卡姆拉斯就曾在一场国际心理学大会上指出:美国 3

岁孩子的微笑要比同龄的中国孩子多 55.6%；与美国儿童相比，中国儿童内向孤僻和产生社交问题的比例分别要高出 92% 和 138%。

因为父母工作调动，因因去一座陌生的城市上幼儿园了。离开了朝夕相处的好朋友，在新的幼儿园里，因因觉得很不习惯。因为当地的方言她听不太懂，不知道该怎样跟别的小朋友交流，所以当一群小朋友在做游戏时，她却经常远远地看着，表现得漠不关心。

久而久之，因因成了班里的"独行侠"。一些比她晚来的孩子都已经跟同学们打成一片，她却还没跟别人说过几句话。本来就性格内向的她变得更加孤僻，上课不敢举手回答问题，遇到不懂的地方也不敢问，心情总是很沮丧。

后来，妈妈发现因因的反常，弄清楚原因后，便建议道："你试着跟大家微笑，看看效果怎么样！"

第二天一早，因因鼓起勇气对遇到的每一位小朋友微笑，虽然笑容还有些羞涩，不过，她看到了小朋友们惊讶而友善的表情。"我们一起玩儿吧！"在做游戏时，一个叫小涛的小朋友主动邀请因因一起玩儿……

微笑是对别人的尊重，也是表达善意的方式；是人际关系的黏合剂，也是化敌为友的一剂良方。英国诗人雪莱说："微笑，实在是仁爱的象征、快乐的源泉、亲近别人的媒介。有了微笑，人类的感情就沟通了。"微笑待人不仅是一种良好的行为状态，也是一种良好心态的外在表现。所以，一定要让孩子学会微笑待人，这是缩短孩子与他人距离的最好办法，因因的故事就是最好的例子。

生活中，做游戏时不小心被伙伴弄疼了；在匆忙赶路的时候，被别人踩到脚，还弄脏了鞋；在公共汽车上，因为急刹车，没有抓牢扶手，被别人撞了一下……在这种情况下，家长不妨问问孩子：是愿意看到一张写满了责备的冷脸，还是愿意看到一张表示谅解的笑脸？相信孩子都会不约而同地选择后者，这种选择会让孩子明白：微笑代表的是一种友善、一种谅解。当孩子因为某一个问题跟小朋友发生了争执，因为某件事跟家人产生了误解……这时家长不妨告诉孩子：与其和对方激烈争吵、相持不下，不如笑一笑。孩子会发现，自己一笑，对立的情绪会立刻缓解，很多问题也就迎刃而解了。这会让孩子明白：微笑代表的是一种让步、一种豁达。

每个人都愿意面对一张微笑的脸。微笑待人的孩子总是彬彬有礼、和蔼可亲、真诚友善、宽容大度的，无论走到哪里都会是最受欢迎的人。所以，让孩子学会微笑吧，一个简单的微笑会让孩子收获颇丰！

● ● ●

有礼貌的孩子招人爱

如今,很多中国家庭中的孩子都是独生子女,家长往往非常娇宠孩子,使孩子性格变得任性无礼、骄横自大,这样发展下去对孩子的成长非常不利。家长一定要教育孩子懂文明、讲礼貌,做一个有教养的人。培养孩子讲礼貌,不仅有利于提高孩子自身修养,对孩子与他人的和谐交往也有促进作用。

但是,很多家长除了教孩子说"请""谢谢"外,并不知道在培养孩子讲礼貌方面具体应该如何去做。其实,对孩子进行礼貌教育是日积月累的工作,可以天天做、时时做。

军军今年 6 岁了,家人对他非常宠爱,他任性霸道的脾气上来时,谁也管不了。为此,军军父母非常头疼。在学校里,军军也很令老师、同学讨厌。他的自私任性、没有礼貌,在他与同学、朋友的交往中完全暴露了出来。

每次军军撞到同学,都没有任何不好意思的表现;跟同学借东西,也从来不知道感谢;有时候军军犯了错,老师对他稍加批评,他就会很没礼貌地瞪着眼睛,狠狠地看着老师,好像在说:"你凭什么批评我?我才没有错呢!"慢慢地,同学们都不爱和军军玩儿了。

看军军这个样子,妈妈决定要好好教育军军。这天,妈妈把军军叫到跟前说:"据我了解,你们班的老师和同学现在对你的意见很大,是这样吗?"军军睁大眼睛看着妈妈,说道:"不知道,我才不管这个呢!"

妈妈接着说:"他们说你霸道、任性、没有礼貌,你喜欢这样吗?儿子,如果你以后还是这样的态度,慢慢大家就会离你远远的,谁也不愿意和你玩。要知道,有礼貌的孩子才讨人喜欢,朋友才会越来越多,你不渴望这些吗?"

妈妈的这番话触动了军军,他非常想拥有很多的朋友。于是他向妈妈保证,以后一定和同学们好好相处。此后,妈妈有时间就带着军军去散步,给他讲一些与人为善、与人相处的故事。时间一长,军军的态度果然有了转变。在后来的一次班级举行的讲文明、懂礼貌的演讲比赛中,军军还获得了一等奖。渐渐地,小朋友们又爱和他玩了,军军也感觉更快乐了。

故事中军军的妈妈就是在日积月累中教会军军讲礼貌的。可见,想让孩子成为一个有礼貌的人,不是一蹴而就的,家长绝对不能心急。

那么,在日常生活中,到底该怎么给孩子灌输"懂礼貌"的思想呢?

去公共场所前告诉孩子应注意的问题

如果计划带孩子去公园玩,或者去参观展览,在出发之前要教育孩子注意行为举止。比如,可以和孩子共同背诵在公共场所要注意的事项等。这样就可以防患于未然,不至于当孩子发生不礼貌、不文明的行为时才去补救。

容忍低幼阶段孩子的过错

孩子正确的行为习惯是慢慢养成的,尤其是年幼的孩子,他们更需要时间来学习。比如，幼儿时期的孩子，在吃饭时往往会把饭弄得到处都是，甚至会乱扔餐具。对于孩子的这种行为，家长要学会接受、容忍。因为这是这个年龄阶段很正常的表现，不是孩子有意为之。

教孩子具体的礼貌行为

对孩子的礼貌行为教育要长期坚持，做到天天都要讲礼貌，而且要平和、渐进地提醒孩子。这样坚持下去，相信在不久后，就会看到孩子身上出现的明显变化。

让孩子知道你希望他怎么做

如果孩子不讲礼貌，要尽量避免对他进行批评、责备，而是告诉孩子你希望的是什么。比如当家长打电话的时候，孩子将游戏机声音放得很大，这时，可以这样和孩子说："请把声音放小一点，宝贝儿。"这种方式也能缓解大人的情绪，以免和孩子发生冲突，同时也让孩子知道自己该怎么做。

让孩子明白礼貌的重要性

要让孩子明白：只有对别人有礼貌，才能获得别人对自己的以礼相待。平时可以用一些历史上的著名礼仪故事对孩子进行教育，使他懂得以礼待人是一个人必须具有的修养。在日常生活中，可以多要求孩子对人以礼相待、尊重他人。

合群的孩子更快乐

～～～～～～

小谷本来是个活泼开朗的孩子,但是自从上了学前班以后,就变得越来越内向了。小谷妈妈平时对小谷管得比较严,每天上学、放学都要亲自接送,她不同意小谷参加学前班的课后兴趣班,不允许小谷放学后在学校逗留,也不让他和同学一起玩。

小谷已经向妈妈抱怨过很多次了:"妈妈,为什么其他同学放学以后可以在学校里一起玩会儿游戏,我就不可以呢?""妈妈,今天下午放学我想去丁丁家玩一会儿,就一会儿也不行吗?""妈妈,我现在都没朋友了,同学都知道你不许我和他们一起玩,所以都不找我了……"

可无论小谷怎么抱怨,妈妈的态度都是不变的:"放学就是让你回家的时间,在学校有什么可玩的,家里那么多玩具还不够你玩吗?整天待在学校你也不嫌腻!""去同学家干什么,自己家不能玩啊?""现在要那么多朋友有什么用,等上了小学,你又会有新同学了。"

就这样,小谷在妈妈的严密"监控"下,离小伙伴越来越远,性格也变得越来越内向,慢慢地,连和老师、同学沟通都变得困难了。

生活中,我们常常能看到有些孩子在独自一个人做游戏的时候,一面玩儿,一面念念有词地与假想中的伙伴对话,从孩子的这种举动中，就可以看出他们是多么渴望与伙伴交往和玩耍。这是孩子进入人际关系敏感期后一种正常的心理需要。在与伙伴的交往中，他们可以认识自己、了解他人，体验到各种快乐与苦恼，相互交流知识、经验和技能，学会分享、合作等良好的社会行为。而且良好的伙伴关系能够让孩子产生安全感和归属感，可以减轻其由于孤独而产生的焦虑和恐惧。

孩子与家人之间的交往和他们与小伙伴的交往是不一样的，孩子的交往能力更需要从后者中培养。因为成人与孩子，尤其是与幼儿不是一种对称性的关系，比如成人不会跟孩子争吃的、抢玩具，在很多事情上都不会与孩子"一般见识"。而孩子与同龄小伙伴有着相似的心理发展水平，他们在一起时会遇到很多和成人在一起时不可能遇到的矛盾，孩子正是在处理这些矛盾的过程中学会了如何协调人际关系，实现他们的社会化。因此，当孩子进入人际关系敏感期以后，一定要给孩子一个融入群体的机会，鼓励孩子广交朋友，多制造一些机会让他与朋友一起玩耍、嬉戏与互动。

在孩子与伙伴交往的过程中，有以下两点问题需要家长注意：

给孩子充分的交往自由

家长要充分尊重孩子，给他们自由选择朋友的权利。家长要做的，只是在必要的情况下给予一些参考意见。有些孩子喜欢和比自己大的孩子一起玩，有些则相反。有些家长担心自己的孩子和大孩子一起玩会吃亏，就加以限制。

但事实上，大多数大孩子并不会真的蛮不讲理地欺负比自己小的孩子，相反，他们常会在无形当中充当起家长无法充当的指导者的角色。而和比自己小一些的孩子在一起，孩子则可以学会照料别人。

还有些家长认为"聪明"就是学习好，希望孩子结交"聪明"的小朋友，并有意无意地给孩子灌输这种思想。事实上，每个人都有自己的弱项和强项。即使孩子的小伙伴在某个方面不如他，但仍有长处值得学习，比如具有待人有礼貌、能为别人着想等良好品质。所以，千万不要去干涉孩子选择朋友的权利。

尊重孩子的朋友

妈妈中午临时回家取文件，发现6岁的儿子强强正和两个朋友在家里"大吃大喝"，零食、水果、碗筷摆了一大桌。强强没想到妈妈会突然回来，忙站起来叫了声"妈"。妈妈没有应声，这时，强强的两个朋友也连忙站起来问好："阿姨，您回来啦！"妈妈还是一声没吭，径直走进书房，"砰"的一声关上门。强强的朋友见状，吓得连忙溜走了。

当天晚上，强强回到家，晚饭也没吃就回自己的房间了。尽管妈妈爸爸不停在门外敲门，他还是整晚没有踏出房门，而且一连好几天都情绪低落，没有食欲，打不起精神来。

家长不尊重孩子的朋友，会让孩子的自尊心受到严重伤害。强强妈妈的做法不仅让李果感到对不起朋友，还会让他产生"妈妈不给自己留面子、不尊重自己"的想法。须知，家长尊重孩子的朋友，也就是尊重孩子本人，孩子能够从家长对待自己朋友的善意中得到满足，同时也因此会得到朋友的认可和接纳。

有些家长表面上对孩子的朋友很客气，背地里却对孩子说："跟那么蠢的孩子一起玩儿，怪不得你越来越笨！""以后他来了你别总往外拿玩具，你看他把你的玩具摔的！"这种做法不仅会伤害孩子与朋友的感情，伤害孩子的自尊，也会影响家长在孩子心中的形象，伤害亲子间的感情。所以，家长要真心诚意地对待孩子的朋友，而不是停留在表面上。

总之，人是社会动物，孩子应该在群体中成长，这对于处在交际敏感期的孩子尤为重要，家长应该给予孩子充分的交友自由。

● ● ●

让孩子学会合作

~~~~~~~~

楠楠是个骄傲的男孩，平时比较自我，喜欢指挥别人。上体育课的时候，班里的男同学经常会在操场上分成两队踢足球，这时，大家都不喜欢和楠楠一组，因为他总是只顾个人表现，得到球就射门，根本不与队友合作，弄得他所在的队经常丢分。时间久了，大家不约而同地都不传球给他。

爸爸发现只要有体育课，楠楠回到家后情绪就不太好，于是便去学校看了几次他们的比赛。了解到原因后，爸爸对楠楠说："楠楠，球队是一个整体，不能总是想着自己能得到几次射门机会、能进几个球，而应该与其他队友互相配合，将整支球队的力量发挥出来，共同寻找最佳的进球时机。如果每个队员踢起球来都像你这样，那么球队就是一盘散沙，又怎么可能获胜呢？"楠楠听了爸爸的话，又想到队友们对自己的态度，惭愧地低下了头。

孩子有竞争意识是好事，因为良性竞争能激发孩子的学习兴趣，强化学习动机，激励孩子最大限度地发挥个人潜能，实现自我超越；但也要懂得合作的重要性，因为合作能启发孩子的思维，培养其同情心、利他心。

善于合作是孩子构建良好人际关系、未来立足社会所不可缺少的重要素质之一。一个具有合作精神、合作能力的人，更容易获得他人的支持，成功的概率也会大大增加。然而，过度呵护与溺爱孩子的家长往往会将孩子培养成一个做事习惯于以自我为中心、缺乏团结协作精神的人。对此，这类家长必须转变观念，帮助其树立正确的合作意识。

要让孩子学会接受和欣赏别人

有效的合作要求双方能够充分利用各自的优势和资源，弥补彼此的不足来共同获取更大效益，在这个过程中，对合作伙伴的接纳和欣赏非常重要。因为只有做到这一点，合作才有了动力和基础。对此，可以通过讲故事等形式让孩子明白，每个人都有各自的长处和短处，不要妒忌别人的长处或轻视别人的短处，也不要自傲或对自己失去信心，要善于发挥彼此的长处，互相助益，从而实现双赢。

需要注意的是，家长自己也应该在日常的工作和生活中坚持用这种态度来对待他人，为孩子做表率。

要让孩子多参加集体活动

如果孩子总是一个人独处，很难对人与人之间互帮互助有真切的感受，自然也就体会不到合作的力量和神奇之处。这对孩子以后融入社会会有不利影响。所以，要鼓励孩子到集体中去，在集体活动中领悟与他人真诚合作的必要性。这也有助于孩子形成开朗、大方、乐于助人等优秀品质。对于一些不太合群的孩子，家长更应该争取各种机会，让他们参与到群体活动中去。

调查表明，合群、喜欢参加集体活动的孩子在知识获取、语言表达能力、人际交往能力等方面，均明显优于性格孤僻、不爱交际的孩子。

让孩子融入集体生活中，在集体活动中做一些自己能做的事，不仅能让他们学会很多技能，更重要的是能培养其与人交往、合作的能力。

要让孩子感受到合作的快乐

孩子在与他人的交往过程中逐渐学会合作以后，如果能从中感受到愉悦，会有渴望继续合作的冲动，从而有意识地主动寻求与他人的合作机会。所以，家长要注意引导孩子感受合作的成果，体验合作的愉快，激发他们进一步合作的内在动机，使其合作行为更加稳定、更加自觉。为此，家长可以引导孩子经历合作，让孩子从中总结经验，让他们在实践中体会合作的快乐和必要性。

需要注意的是，不是所有的合作都会取得成功，要让孩子明白：只要在合作过程中，所有参与者都尽了最大努力，同时，每个人都非常愉快，这就是成功的合作。

家长还要对孩子合作后的结果给予恰当的肯定，对不能与他人很好合作的孩子给予指正和鼓励，以免孩子对合作伙伴产生抱怨情绪，从而打消继续合作的积极性。

此外，要告诉孩子，在合作过程中，不能唯我独尊、只顾自己，要充分考虑他人的需求和感受，必要时需要做出一些让步和牺牲；要尊重对方，服从大局，但也要有自己的立场，迁就和让步是有限度的；要想取得合作伙伴的尊重和信任，坚持自己正直的个性更是不可缺少的。

● ● ●

让孩子学会分享,并鼓励孩子分享

自私自利的孩子往往只顾自己,一切以自我为中心,在财物上比较吝啬,很难让人喜欢,交不到知心朋友,将来融入社会也会有一定障碍。学会分享是孩子社会化发展的一项重要内容,直接影响其将来能否很好地在社会上立足。

一天,爸爸的朋友送来两箱苹果。其中一箱比较新鲜,可以放一段时间,而另一箱有些熟过头了,不马上吃掉很快就会坏。

爸爸把三个孩子找来,一起商量怎么吃这两箱苹果。大儿子说:"趁熟的那箱苹果坏掉之前赶快吃掉。"

爸爸说:"可等熟的那箱吃完,另一箱苹果也就坏了。"

二儿子说:"那就先吃好的那箱,这样我们就能多吃好苹果了。"爸爸说:"这样的话,熟的那箱苹果肯定就要全部浪费了。"

这时,小女儿说:"我们把两箱苹果混合起来,分一半给邻居怎么样?这样,所有的苹果都不会被浪费了。"

爸爸听了,满意地笑了。接着,爸爸带着三个孩子把苹果分好,挨家挨户地给邻居们送去。

孩子在初试分享的过程中,也许会有不舍和不甘,但当他们体会到分享带来的愉悦、满足时，就能慢慢理解分享的真正含义，有了分享意识，发自内心地与人分享。为此，家长可以尝试从以下几个方面培养孩子的分享意识。

让孩子明白分享不是失去而是互利

孩子之所以不愿与人分享，重要的原因在于他们认为分享就是失去。家长应该理解孩子这种难以割舍的"痛苦"，让孩子明白，分享是一种互利行为。分享体现了自己对别人的关心和帮助，别人也会回报自己关心和帮助，这样彼此关心、爱护、体贴，大家都会得到快乐。

在家里为孩子营造一个分享的氛围

有些孩子在外面不知道关心他人，在家里也不知道体贴父母。他们不知道爸爸妈妈只吃鱼头鱼尾是为了把最好的留给自己，不懂得父母的良苦用心。而父母的关爱是造成这种现象的主要原因，一旦关爱升级为溺爱，就会让孩子养成"吃独食"、不肯分享的坏习惯。所以，家长应该注意培养孩子从小就学会分享。如果孩子已经出现自私行为，家长要及时寻找方法给予纠正，比如通过换位思考的方式让孩子体会自私行为带给别人的伤害，用故事让孩子了解自私行为会造成哪些恶劣后果。当然，想让孩子立刻就接受是不太现实的，需要给他们一个适应的过程。

通过实践引导孩子学会分享

"朵朵，爸爸的同事下周要出差，他家的小妹妹要来我们家住几天。你要做好小主人，跟小妹妹好好相处，多陪她玩游戏。""不要！她把我的玩具弄坏了怎么办？"

"那你把以前不玩的玩具借给她玩好了。""那也不行！叫她把自己的玩具拿来跟我玩！"

生活中，类似的对话时有发生。孩子的分享行为不是自发形成的，需要家长的引导和启发。家长应该多为孩子提供一些与同伴分享的机会，让他们在实践中学会分享。比如，邀请孩子的小伙伴来家里做客，鼓励他们拿出自己心爱的玩具和零食招待大家，让他们体验分享的快乐。事后告诉他们，是分享让大家玩得那么开心。

别人送来的新鲜水果和营养品，也可以让孩子进行分配，引导他们先分给爷爷奶奶等长辈，再分给爸爸妈妈，最后才留给自己。这样，孩子既能学会与人分享，也养成了尊敬长辈、关心父母的好习惯。

另外，不要忘记鼓励和夸奖孩子的分享行为和慷慨举动，得到肯定后，他们会更加乐于分享，这有助于孩子良好习惯的强化和巩固。

● ● ●

尊重他人才能赢得别人的尊重

我们身边,有这样一些孩子:在家里,无论外出还是归家,从不知道向长辈打声招呼;在课堂,毫无顾忌地东张西望、窃窃私语;和人打招呼时,"喂喂"地喊个不停,而不称呼对方的姓名;喜欢给别人起外号,并以揭人伤疤为乐;看到沿街乞讨的人或是满身尘土的民工,嗤之以鼻,避之不及……这样的孩子,在伤害他人的同时,也为自身品格的塑造设下了障碍。

孟子曾经说过:"爱人者,人恒爱之;敬人者,人恒敬之。"所以,想让孩子在与人交往时能获得别人的尊重和友谊,先要教会孩子尊重别人。那么,怎样培养懂得尊重他人的孩子呢?

为孩子树立一个好榜样

家长的一举一动,孩子不仅在看,也在学。有些家长当着孩子的面互相谩骂,揭对方的短处;有些则喜欢在背后议论、嘲笑别人;还有些不尊重残障人士,拿对方的缺陷开玩笑。这些不尊重他人的行为都会给孩子带来恶劣影响。

一天,一位妇人领着一个男孩走进一座大厦的后花园。妇人看起来很生气,坐在长椅上不停地和男孩说着什么。不远处,一位老人正在修剪灌木。妇人突然停止了对男孩的训斥，从手袋里揪出一张纸巾，揉成团，一甩手扔到了老人刚剪过的灌木上。翠绿的灌木丛中，白花花的纸巾十分显眼。老人看了看妇人，见她一脸不在乎地回望自己，便没说什么，而是弯腰捡起那团纸，放进了旁边的垃圾桶里，接着拿起剪刀继续剪枝。

不料，妇人又扔了一团纸出去。"妈妈，你要干什么？"男孩奇怪地问妇人，妇人示意孩子不要出声。老人把这团纸也捡起来扔进了垃圾桶，刚回身拿起剪刀，妇人扔过来的第三团纸又落在他跟前。就这样，老人一连捡了六七次，始终没有表现出不满和厌烦。

"看到了吧！"妇人指着老人对男孩说，"我要你明白，如果现在你不好好读书，以后就跟他一样没出息，只能干别人不愿意做的低贱的下等活儿！"原来，妇人在教训成绩不好的儿子，而眼前的老人被她当成了"活教材"。

听到妇人的话，老人放下剪刀走过来对她说："夫人，这是大厦的私家花园，好像只有员工才允许进来。"妇人高傲地拿出员工卡，并向老人炫耀自己丈夫是这里的部门经理。这时，老人向妇人借手机。虽然不情愿，妇人还是同意了，但也不忘借机教育儿子："你看这些穷人，年纪这么大了连部手机都没有，你以后可得长出息啊！"不一会儿，大厦高层人员出现在他们面前。老人要求他免去妇人丈夫在公司的职务。妇人很震惊，这时她才知道原来老人不是园丁，而是这座大厦的拥有者，公司的总裁。

妇人颓然地跌坐在椅子上。老人拍了拍男孩的肩膀，对他说："我希望你明白，在这世界上最重要的是要学会尊重他人。"

想必这个教训，男孩和他的母亲都会铭记于心。

家长和孩子之间应互相尊重

让孩子学会尊重家长是很有必要的,这绝不是为了维护家长的自尊,而是为了培养孩子对待他人的正确态度。许多孩子在冒犯了家长以后会感到内疚,这时如果家长对此不做出反应,久而久之,孩子就会习以为常,不再在乎自己的行为是否会对家长及他人造成伤害。所以,一定要明确地告诉孩子要尊重父母、尊重他人,要让他们为自己伤害别人的言行道歉。同时,家长也要尊重孩子。作家池田大作说过:"尊重孩子的人格,孩子便学会尊重人。"

注意日常生活中的教育

在日常生活中要教育孩子尊重他人,并向孩子讲解一些基本的传统礼仪,让孩子把尊重他人的行为贯穿到日常生活中。例如,尊重他人的宗教信仰和民族习惯;尊老爱幼,不歧视残障人士;对外宾以礼相待;主动问候长者;请人帮助时要用礼貌用语;上学时要主动向老师同学问好;接递物品时要起立并使用双手;不给同学起侮辱性绰号;未经允许不进入他人房间,不随便动用他人物品;不打扰他人学习、工作和休息;等等。

总之,尊重是一种习惯,不是一朝一夕能够养成的,家长要善于利用点点滴滴的小事,教导孩子学会尊重他人。

● ● ●

和小伙伴发生冲突，让孩子自己解决

5岁的丁丁正在高兴地摆弄他的玩具飞机，他的每一架小飞机都是那么精致漂亮。这时4岁半的小表弟牛牛跑过来，一把拿走了其中一架蓝色的飞机。"快给我拿过来！"丁丁马上冲表弟吼道："就不给！就不给！我也要玩！"

"不行！那是我的！"

"你凭什么不分给我玩！""我说了那是我——的——！"

两个孩子吵得面红耳赤，丁丁妈看见后，对他们说："跟你们说了多少遍了，不要争抢，不要打架，你们就是不听。那我只好把这些飞机都收起来，你们谁也别玩！"

被没收玩具后，两个孩子开始乖乖地坐在客厅里看电视。然而没过一会儿，两人又因为看哪个频道吵了起来。丁丁妈只好再次出马："丁丁，你怎么不知道让着弟弟呢？赶紧回自己屋里待着去！"

让人没想到的是，2小时后，两个孩子在吃饭时又为了争抢座位发生了冲突……

孩子们在一起玩耍或游戏的过程中时常会发生争执，甚至因此而打架，这是他们交往过程中的正常现象。发生这种情况时，最好的办法就是让孩子自己去解决冲突。可是在上面的故事中，当丁丁和牛牛第一次发生冲突时，丁丁妈却用没收玩具的办法暂时缓解了两个孩子的矛盾。这样做的结局是：两个孩子并没有学会如何处理与伙伴间的纠纷，所以又发生了第二次冲突。第一次冲突中，丁丁妈没有让孩子自己解决问题，而是选择偏向一方。殊不知，这很容易引起孩子之间的妒忌，也容易纵容孩子一遇到困难或麻烦，就本能地找其他人帮忙解决。

其实，孩子的思维方式和成年人是不同的，在成年人看来很严重的问题，在孩子看来或许并没有什么大不了的。所以，如果用成年人的视角去看待孩子间的纠纷，很容易把问题复杂化。

放学后，小鹏和小区里几个同龄的孩子一起玩耍。原本几个孩子玩儿得好好的，但后来不知为什么几个人吵了起来，而且吵得很凶。

小鹏妈妈听见了，赶紧跑到楼下。一看，几个孩子正在为了几块石子吵架。原来，同伴们把小鹏的石子抢去了，小鹏很生气，于是跟他们吵了起来。看到妈妈来了，小鹏委屈地哭了起来。

当时，小鹏妈很生气，非常想训斥那些不讲理的孩子，但她转念一想，如果她参与孩子间的吵架会很不好看。碍于情面，她说："宝贝，咱们回家去，不跟他们玩了！"

不料小鹏坚持说想要回石子。小鹏妈说："几块破石子，有什么好玩儿的！回家妈妈给你做好吃的。"小鹏仍然拒绝。她只好对那群孩子说："小朋友们，阿姨相信你们都是好孩子，快把石子还给他吧，行吗？"可孩子们充耳不闻。小鹏妈的怒火一下子上来了，她大声说："小鹏，你回不回家？"

小鹏一歪头，道："不回！"

"那好，我不管你了，你自己解决吧。但是有一条，不许哭，男子汉哭什么！"小鹏妈说完就回家了，但她的心思还留在外面，她真的很担心儿子会挨打。

然而没过多久，小鹏就高高兴兴地拿着石子回来了。仔细一问，小鹏妈才知道，原来他和几个小朋友又和好了。她问小鹏用了什么方法，小鹏笑着说道："这是个秘密！"

由此可见，在孩子与小伙伴发生纠纷时，家长过多干预或介入，甚至充当审判官、仲裁者或者保护神的做法并不可取。当孩子间发生冲突的时候，家长最应该做的不是强行介入，而是把解决矛盾的责任和权利留给孩子，让孩子自己解决纠纷。这能够让孩子懂得，以后再碰到类似事件该如何解决，并从中学会明辨是非、自我保护、宽容忍让和沟通协调，使其在纠纷中学习，在纠纷中成长。

那么，家长具体要怎么做呢？

对冲突要有正确的认识

冲突的原因往往多种多样，在得知孩子之间起了冲突以后，家长不要先想着怎样保护自己的孩子，不让孩子吃亏，也不要偏听偏信孩子的一面之词，而应全面了解事情的真相。

让孩子自己面对冲突

当孩子和小伙伴发生矛盾时，家长不要轻易出面帮助孩子解决问题，最好先让孩子自己想办法。当孩子遇到困惑或是处理不当时，再巧妙介入，从旁指导，这样孩子才会在独立处理问题的过程中逐渐成长。

教孩子一些机智处理矛盾的方法

例如,当什么人或者什么地方让孩子大发脾气时,可以建议他运用转移法,先避开这个人或这个地方,"眼不见,心不烦",有话以后再说。又如,当孩子感到委屈时,可以让他运用释放法,在野外尽情地蹦跳,或大喊大叫,还可以让孩子做一些令自己感到快乐的事情。

及时制止伤害行为

让孩子自己解决冲突,并不是说家长就在一边看热闹,什么都不管。比如,在冲突中出现了打斗等不良行为,家长就要及时制止,避免意外发生。

● ● ●

做错了要道歉，帮孩子赢得友谊

妈妈带着 6 岁的儿子小斌在公园玩。这时，一个男孩突然跑过来，向他们鞠躬并说道："不好意思，我错了，请你们原谅。"妈妈以为男孩是儿子的同学，对儿子做了错事，于是笑着对他说："没关系，下次注意就好。"听到答复，男孩就跑开了。原来，男孩的妈妈正在远处等着他。

"小斌，那个男孩叫什么名字？你们之间发生了什么事吗？"妈妈问儿子。"我根本不认识他啊。妈妈，您也不认识他吗？"

妈妈忽然意识到问题的严重性。男孩道歉却找错了对象，只能有两种原因：一是认错人了，二是在应付他的妈妈。

小斌认为这没什么，妈妈却告诉儿子："这个道歉我们不应该接受，因为它不是我们应该得到的。如果那个男孩骗了自己的妈妈，那这样的欺骗是很可怕的，不仅会影响他的成长，还有可能导致他与真正应该接受歉意的人关系恶化。所以，我们必须找到他。你还记得他的模样吗？"

于是，母子二人按照记忆中男孩的模样开始寻找。功夫不负有心人，他们终于找到了那个男孩。男孩一看到他们就想跑掉，却被妈妈抓住了胳膊。男孩的妈妈闻讯而来，小斌对她讲了事情的经过。男孩的妈妈告诉他们，男孩名叫锐锐，昨天打了一个同学，自己让他去给被打的同学道歉。虽然锐锐很不情愿，但因为自己就在远处看着，所以他只好随便找个人道歉，这才骗过了自己。

妈妈说："现在最重要的是找到那个被打的男孩，向他道歉。锐锐，你不该欺骗自己的妈妈，犯了错就该勇于承认，伤害了别人就该向对方道歉。"

于是，两位母亲带着两个孩子，又开始寻找，终于找到了那个被打的男孩，并让锐锐正式向他道歉，请求他的谅解。但被打的男孩断然拒绝原谅锐锐，而且还信誓旦旦地说要报复，说完就走了。

两位母亲认为事情更严重了，决定找到男孩的父母帮忙劝说和管教。她们找了大半夜，终于找到了男孩的家。锐锐真诚地道歉，再加上三位母亲苦口婆心地开导，那个男孩最终承认了自己的错误，承诺放弃报复计划。

就这样，三位母亲瓦解了一个孩子危险的报复计划，挽救了两个孩子的未来，让三个孩子受到了深刻的教育。

"人非圣贤，孰能无过。"在复杂的社会环境中，每个人都难免说错话、做错事。这时候，道歉是人际交往中挽回过错最直接也是最佳的方法，诚恳地请求对方谅解，方能得到他人的宽恕和友谊。对每个人来说，学会道歉和接受道歉都是很重要的习惯和礼节。敢于道歉是一种勇气，接受道歉是一种宽容，都是有教养的表现。

然而现在很多孩子都以自我为中心，即便伤害了别人也不觉得自己有什么错，不肯去道歉，以致小错酿成大祸。这样的孩子又怎么会有良好的人际关系呢？所以，在培养孩子的社交能力时，一定要让孩子学会道歉。故事里的妈妈没有把道歉当成小事看待的行为，就十分值得学习。那么，该如何让孩子学会道歉呢？

让孩子知道做错事道歉是有礼貌的表现

很多孩子爱面子、虚荣心强,他们往往认为道歉是理亏的表现,会让自己"很没有面子",让别人瞧不起。对此,可以告诉孩子,道歉的人是值得别人尊敬的,没有人会因为真诚道歉而被他人嘲笑。道歉不是服软,而是一个人修养与气度的体现。

让孩子知道为什么要道歉

当孩子不理解为什么做错事情要说"对不起"时,可以问问孩子,如果别人弄坏了他的汽车模型,他是不是很难过?对方向他道歉后,他是不是感觉好多了?要让孩子明白,之所以要道歉,是因为他的行为对别人产生了伤害。家长要引导孩子学会站在他人的角度看问题,培养孩子的移情能力。

警惕孩子随口而出的道歉

有时,孩子发现自己做错事,为了尽快解决麻烦,"对不起"三个字就会脱口而出,但过不了多久,他又会犯同样的错误。这表明他并没有真正理解道歉的含义,这时要告诉孩子:只有争取不犯同样的错误,道歉才是有意义的。孩子通常需要一个漫长的学习过程,才能真正明白道歉的含义。一旦他能够发自肺腑地说出"对不起"时,就表明他懂得了该怎样照顾他人的感情,该如何补救自己的过失,该怎样对自己的行为负责了。

家长要以身作则

家长要从自身做起,勇于为自己的失误向孩子道歉,从而为孩子树立好的榜样。比如,不理智地对孩子发了脾气,事后一定要真诚地对他说:"我为自己刚才向你大声喊叫而道歉。我想让你明白更多的道理,结果自己却失去了耐心。"家长向孩子认错道歉,说"对不起",不仅不会丧失尊严,反而会赢得孩子的尊敬。

　　需要注意的是,家长在向孩子道歉时,态度一定要诚恳,要让孩子觉得爸爸妈妈不是在敷衍自己,而是很认真地在向自己道歉。同时,这样做也会让孩子感到道歉是一件很重要的事情,今后他在向别人道歉时,也会模仿爸爸妈妈的态度和神情。

● ● ●

宽容:"没关系"比"对不起"更重要

在与人交往的过程中,任何人都可能犯错误。教会孩子主动原谅别人,能促使他们克服"以自我为中心"的意识,慢慢了解"自我"与"他人"的关系,并从中学会与人相处、妥善处理问题的方法,其人际关系也会变得更和谐。而一个不懂得原谅别人的孩子,在处理事情的过程中只会显得蛮横、不讲理,这显然是不利于构建良好人际关系的。

所以,在人际交往中,"没关系"比"对不起"更重要,家长应时时刻刻铭记这一点,让孩子学会原谅,而不是抓着别人的错误死死不放。

小芬自从上幼儿园以后,每天一放学就会迫不及待地向妈妈讲述当天在幼儿园里发生的趣事。可是最近不知道怎么了,连续好几天,小芬的情绪都很低落,每天放学后都无精打采的。

有一天晚上,妈妈在客厅里面看电视,无意中听到小芬跟她的玩具熊说了一句:"我讨厌刘老师。"

小芬口中的刘老师是小芬的生活老师,待人很亲切,为什么小芬会不喜欢她呢?难道小芬这两天情绪不好与这个有什么关系?于是,在小芬准备睡觉时,妈妈问道:"芬芬为什么不喜欢刘老师呢?"

刚开始的时候,小芬不愿意说,最后经不起妈妈的询问,小芬才告诉了妈妈几天前发生的一件事情。

原来，不久前的一天中午，在睡午觉的时间，别人都睡着了，小芬却怎么都睡不着，于是她就坐了起来想玩一会儿。可就在这时，刘老师说话了："小芬，别人都睡觉呢，你怎么玩儿上了，这会打扰其他小朋友。"

听到刘老师责备自己，小芬"哇"的一声哭了起来。刘老师也知道自己语气不好，于是急忙安慰了小芬几句，向她表达了歉意。小芬却不肯原谅刘老师，所以这几天都无精打采的。

妈妈听了小芬的讲述之后，耐心地问她："你觉得刘老师是一个坏老师吗？"小芬摇摇头。妈妈接着问："那你喜欢刘老师吗？"小芬摇摇头，又点了点头，然后说道："我也不知道。我以前很喜欢刘老师，可是自从那件事情之后，我就不喜欢她了。"

妈妈笑着说："那天的事情刘老师可能的确有不对的地方，但是她不是已经承认错误了吗？如果你做错了什么事情，并承认了错误，妈妈却仍然认为你不是个好孩子，你心里是什么感受呢？"

小芬听了妈妈的话，一下子明白了其中的道理。很快，小芬就原谅了刘老师，又重新变得开朗起来了。

试想一下，如果小芬的妈妈没有及时劝说小芬学会谅解，那小芬是不是就会继续闷闷不乐下去呢？更严重一点地说，如果这次小芬没有原谅刘老师，那下次跟小朋友闹矛盾，她是不是也要这样"记恨"下去，长此以往，谁还会跟她做朋友呢？

任何一个孩子都需要在与人交往中不断成长，可只要与人交往，就难免遇到别人做错事或损害自己利益的情况。这时候，懂得原谅，对于建立和谐的人际关系是非常重要的。因此作为家长，一定要学一学小芬的妈妈，一旦发现孩子"小肚鸡肠"不肯原谅别人的过错时，要及时引导，让孩子学会谅解。

那么，怎样才能让孩子学会原谅别人呢？

让孩子体验一下不被原谅的滋味

如果孩子总是对别人的一些行为斤斤计较、毫不容人，那么在孩子犯错误的时候，不妨也让他体验一下不被原谅的滋味。如在一小段时间里，故意不理睬他，让他认识到：不学会原谅别人，也得不到别人的原谅。

正确疏导孩子的情绪，转移他的注意力

一般来说，孩子在受到别人伤害的时候，往往会在潜意识中渴望报复对方。这时候，要对孩子的这种情绪进行正确疏导，转移其注意力，有意识地让孩子学会反思，检讨自己的过失，最终宽容伙伴的缺点和失误行为。同时让孩子明白，懂得宽容忍让，才能有利于增进友谊。

丽丽是家里唯一的孩子，全家人都非常宠爱她。有一次，丽丽从幼儿园回到家就开始大哭，说是班里的一个小朋友打了自己，要妈妈去打那个小朋友。

丽丽妈听了之后很是气愤，第二天专门请假到幼儿园了解这个事情。原来是两个孩子闹着玩，那个小朋友不小心撞疼了丽丽，并不是什么大事。可是丽丽妈不依不饶，非要讨个说法，事情闹了很久才算平息下来。

这样的事情后来又闹了好几次。渐渐地，丽丽妈发现丽丽越来越不喜欢和同龄孩子玩耍了，时间久了，甚至发现丽丽有些自闭的表现。她不明白，究竟为什么会这样？

故事中，丽丽让妈妈去打那个小朋友的时候，妈妈本该好好疏导，转移其注意力，她却没有这样做，而是不加分析、盲目地助长孩子的气势，结果只能让孩子越来越远离小伙伴，最后被大家孤立。

教会孩子判断原谅的标准

要教给孩子判断原谅的标准，让孩子明白哪些是应该原谅的，而哪些是不可以原谅的。否则孩子容易将没有原则等同于原谅、宽容，进而走向相反的方向。

● ● ●

Part
5

文化敏感期，激发孩子阅读和学习的兴趣（4~6岁）

文化敏感期：因材施教，按天性来培养孩子

陈卓夫妻俩都在政府部门工作，他们有一个儿子叫洋洋。洋洋从小就爱画画，在幼儿园里，他的画经常被老师当作示范来激励别的孩子。老师觉得洋洋在绘画方面有天赋，就建议他的父母在这方面好好培养培养。但陈卓夫妇认为学钢琴才有发展前途，于是坚持让孩子去学钢琴，并给他买了一架价格不菲的钢琴。结果洋洋每次去学钢琴时，眼里总是含着委屈的泪水。

如今，洋洋都已经小学二年级了，却连一首完整的曲子都弹不出来。陈卓后悔了，认为当初让孩子去学画画才对。可是洋洋呢，已经对画画失去兴趣了。

"孔子教人，各因其材"，这是宋代理学家朱熹总结的孔子教育学生的方法。古人都知道按照教育对象的不同特点，施用不同的教育方法，以此获得理想的效果，而现在有些父母却对因材施教缺少深刻理解。他们想让孩子出人头地，希望孩子在今后的激烈竞争中取胜，但很多时候都如故事中洋洋的父母那样，结果事与愿违。这其中的原因是家长没有注重孩子的自然天性，不了解孩子的个性特点，没有对孩子因材施教。

每一个孩子在智力、禀赋、性格和心理等方面都会表现出其独特

性,每个人都有自己的优点和缺点,家长只有了解孩子的自身特点,顺应孩子的天性,采取适合孩子自身特点的教育方式,才能达到事半功倍的效果。具体而言,家长要做到以下几点:

认识孩子

认识孩子是因材施教的前提条件。每个孩子都有不同的特点,只有家长知道孩子的优势在哪里,才能据此来调整教养方法,提供和谐的环境,适应孩子的需求。

不要按照自己的意愿要求孩子练习某种技能

不少家长往往从自己的观点出发,要求孩子去练习某一种技能,或者强迫孩子在一定的时间内掌握一种技巧。也许家长的出发点是好的,但是如果孩子对此并不感兴趣,或者说他确实不具备这方面的天赋,那么家长的强求只会打乱孩子的兴趣和发展。尤其是在音乐、美术、舞蹈等方面,学习者往往需要有一定的天赋,再加上后天的练习,才可能在这些方面有所成就。如果没有认清孩子的现实情况,就强迫孩子学习,效果不会好到哪儿去。

不生搬硬套别人的育儿方式

曾有一些孩子被视作家庭教育成功的范本,他们父母的教育经验被写成书,受到诸多家长的青睐,但这些家长将书中的种种方法应用到自己孩子身上时,却发现处处碰壁,并不成功;还有些家长,他们看了不少育儿书,了解了很多教育理论,但不仅难以化为己用,反而还被各种理论弄得晕头转向,不知该听谁的;也有些家长经常在网上咨询专家:"儿子太调皮怎么办?""女儿5岁了,该学哪种才艺好?"……得到解答后，没有经过思考和分析就盲目应用，等到发现行不通又再次提问。

上面提到的这些家长有个通病，就是自己懒于思考，容易盲从某本书或某位专家，喜欢生搬硬套书本或别人的经验。要知道，没有任何一本书或一位专家的方法可以适用于所有孩子、能够解决家长在教育孩子中遇到的所有难题。培养孩子是一个极具创造性的工作，因为每一个孩子都是唯一且独特的，所以一切他人的经验都只能是借鉴，不能照搬。如果硬要用一个固定的模子来塑造孩子，难免会出现"水土不服"的症状。要教育好孩子，家长必须学会独立思考，做到具体问题具体分析，要根据自己孩子的特点创造出一套专门为其"量身定做"的教育方法。

根据孩子的性格选取教育方式

伶伶和俐俐虽然是一对双胞胎姐妹，却有着截然不同的性格。姐姐伶伶做事比较优柔寡断，而妹妹俐俐做起事来却很容易冲动。平时，妈妈总是叮嘱伶伶做事要果断一些，不要犹豫不决；而对俐俐则说遇事要多想想，三思而后行。在妈妈有意识地引导下，姐妹俩平时玩的游戏也有所区别。伶伶常玩一些需要迅速决断的决策类游戏，俐俐常玩一些需要谨慎思考的棋牌类游戏。渐渐地，姐妹俩的性格发展得越来越完善了。

每个孩子的性格都不一样，有的孩子天生敏感，有的孩子天生胆子小，有的孩子好胜心强，有的孩子虚荣心强，有的孩子非常果敢、有毅力……针对不同性格的孩子，家长应该采取的教育方式也是不同的。只有根据孩子自身的性格特点，选取恰当的教育方式，才能使其健康、愉快地成长。

爱阅读的孩子更聪明

新教育实验发起人朱永新教授有句名言:"一个人的精神发育史就是他的阅读史。"

的确,读书不仅可以开阔视野、拓展知识、培养语感、陶冶情操,还可以提高孩子的智力,尤其是早期阅读,还能促进孩子观察力、想象力、思维能力及表达能力的发展与提高,所以说,爱阅读的孩子更聪明,孩子的成长阶段是不能没有好书相伴的。

那么,孩子多大开始阅读比较合适呢?教育学家认为,4.5~5.5岁是孩子的阅读敏感期,所以"6岁前较6岁后更容易学习阅读"。这个时期,孩子开始痴迷于各种带文字或图片的东西,他们的兴趣也不再是单纯的图画,而是对图画上的文字也产生了浓厚的兴趣。这个时候,只要有意识地去引导,就能让孩子爱上阅读。

小强很喜欢读书,不管是在什么地方、什么时候,只要手中拿着一本书,他就会变成一个乖小孩,安安静静地沉浸在书的世界里。有时候爸爸给他买了书,他在回家的路上就会迫不及待地看起来。很多朋友常常问小强的爸爸:"为什么你家孩子那么爱看书呢?"

其实,这些与父母的教育是分不开的。

小强的爸爸妈妈觉得孩子喜欢读书的爱好要从小培养,于是两人就约定晚上不开电视、不玩手机,每人拿本书来看。这样一来,小强自然就会受到父母的影响。

虽然小强爸爸白天工作比较累,晚上看书的时候总感到眼皮打架,但他依旧坚持每天晚上看1小时的书。而且,家里的厨房、客厅里到处都有书,就连卫生间都有一个专门放书的小书架。这些书放在孩子随手可及的地方,让孩子睡觉前枕头边有书,休息时沙发上有书。小强从小耳濡目染,渐渐也就养成了喜欢读书的好习惯。

小强的父母还总是抽出时间来与小强一起讨论书里的内容。在小强上幼儿园之前,每晚睡觉前父母都要和他一起看书讲故事。有时小强喜欢反复地听同一个故事,他们就让小强尝试着自己看书。

在买书的事情上,小强的父母从来都不吝啬。从小到大,他们为小强买了很多图书,包括各类童话故事、经典杂志以及科普知识丛书等。对小强看的书,他们也没有特别要求,并不强求孩子每本书都看出个所以然来。就这样,在爸爸妈妈的带动下,小强对读书也有了浓厚的兴趣。一家三口常常一人手捧一本书,分享着读书的快乐。

现在,小强爱读书已经是出了名的。小强爸爸也说:"一旦孩子喜欢上阅读,想让他不看书都难。"

的确如此,由于看的书很多,小强的学习成绩一直都名列前茅,在平时的生活中,他比同龄孩子也明白更多道理。

可见,让孩子爱上阅读,并没有那么难。不过,学龄前儿童意志力比较薄弱,自控力也差,因此,家长的引导格外重要。想让孩子养成爱读书的好习惯,需要这样做:

满足孩子的识字需求

孩子想阅读,一定要先识字。所有孩子都会有一个对识字特别感兴趣的时期,此时家长要满足其识字需求,当孩子指着一个字问你念什么的时候,一定要耐心回答。此外,还可以在家具、电器、生活用品上贴上物品的名称,这样,孩子就会把文字和实物对应起来,在不知不觉中认识这些字了。

为孩子营造阅读的氛围

童话大王郑渊洁说:"要培养孩子爱读书的习惯,做父母的哪怕不喜欢看书,也要每天在孩子面前看书,哪怕是装模作样。因为只有这样,你的孩子才会受到熏陶,才会爱上书,与书交朋友。"

这句话是非常有道理的。因为对于孩子来说,家庭氛围非常关键,家长为他创造的是阅读的氛围,他可能就会喜欢阅读;家长为他创造的是看电视的氛围,他可能就会喜欢看电视。

所以,要想让孩子爱上阅读,家长无论身在何处,也无论条件如何,都应该为孩子营造一个阅读的氛围。

让孩子在家里能读到书

生活中,有些孩子之所以不阅读,不是因为他们不喜欢阅读,而是因为他们根本"读不到"书。比如,有的家庭,到处都充斥着高科技电子产品,书却少得可怜;还有一些家庭,书倒是不少,但都整整齐齐地码在书柜里,孩子根本够不到。这都属于让孩子"读不到"书的情况。所以,要想让孩子读到书,首先应该在家里多放一些书,并将书放在孩子伸手就能够到的地方。

挑选适合孩子阅读的书

不同年龄段的孩子对阅读的兴趣是不相同的,因此,家长应当努力了解孩子阅读的兴趣所在。孩子是适合读以图为主、标有拼音的幽默童话,还是适合读深刻的童话、伟人故事和历史,这些都需要家长有一个正确的把握。记住,强迫孩子读自己不喜欢读的书,只能适得其反,削弱他们的阅读兴趣。

陪孩子阅读

平时,可以跟孩子一起阅读一些书籍,或者给孩子讲一些唐诗、宋词、童话、寓言故事,和孩子一起讨论故事中的人或事,鼓励孩子多表达自己的想法。

这不仅能让他们体会到亲子阅读的乐趣,还能充分表达家长对孩子的关心,满足孩子渴望得到家长关爱的心理需求。

图书馆是孩子的"第二书房"

图书馆不仅有数量庞大、类型丰富的各种图书,还有安静且氛围良好的阅读环境。在这样的环境中,孩子很容易受到影响,从而养成主动阅读的好习惯。

需要一提的是,由于学龄前孩子识字量较少、阅读能力较弱,家长把他们带到图书馆后,应该对他们进行引导,教他们学会在信息量巨大的书海中选择适合自己的书。

引导孩子远离电脑游戏、电视等诱惑

如果孩子过多沉迷于电脑游戏和电视节目,就容易丧失对读书的

兴趣。因此，家长应当及时地引导孩子远离电脑游戏等诱惑，通过读好书、有趣的书引导孩子，将孩子的兴趣和注意力转移到书上来。

需要注意的是，五六岁的孩子视力和身体正处于发展阶段，如果不注意引导他们用正确的姿势阅读，长此以往，很可能会导致孩子视力下降、骨骼变形。

所以，在引导孩子阅读时，要提醒孩子不能斜着身子或者趴着看书，眼睛要与书本保持一定的距离，也不能在强光或弱光下看书。

● ● ●

别扼杀孩子的好奇心

朋朋刚刚上学前班,和其他孩子一样,朋朋对生活里的很多事情都充满了好奇,于是就经常缠着爸爸问这问那的,时不时地还会冒出一些奇思异想。可是爸爸回答朋朋的问题时总是很敷衍。

有一次,朋朋问爸爸:"为什么熊猫的小宝宝像老鼠一样小?"爸爸说:"因为刚出生的时候都很小。"朋朋又问:"那我出生的时候也很小吗?"爸爸点点头。过了一会儿,朋朋突然问爸爸:"我是从哪儿生出来的?"爸爸被问了个措手不及,慌忙说:"你问这个做什么,等你长大就明白了。"

还有一次,吃过晚饭乘凉时,朋朋在阳台上看到了月亮,于是就问身边的爸爸:"爸爸,为什么太阳和月亮都是从东边升起,从西边落下去呢?"爸爸正在和妈妈聊单位的事,听了朋朋的发问,头也不回地说:"它们本来就是这样的,没有什么原因。"

朋朋不满意,继续说:"我想它们之所以这样一定是有原因的。"爸爸有些不耐烦地说:"你没事管这么多做什么?进屋睡觉去!"朋朋继续说:"我想知道……"这时候,爸爸向朋朋吼道:"你怎么这么讨厌?这个事情你不用弄明白,我说它们本来就是那样的,这还不够吗?"

朋朋委屈地离开了。此后,爸爸发现朋朋很少问问题了,而且常常一个人坐在椅子上发呆,性格也孤僻了很多。

每个刚出生的孩子对这个世界的印象都像白纸一样，一片空白。所以，他们从睁开眼看世界的那一刻起，就对世上所有事情都充满了好奇和疑问，什么都想知道，都想弄个明白，都想亲自去试一试。这时候，如果家长能及时回答孩子的疑问，满足其好奇心，在好奇心的驱使下，孩子就会自觉地、发自内心地探求知识的宝库，并且觉得这是一件很快乐的事。伟大的文学家托尔斯泰说："成功的教育所需要的不是强制，而是激发孩子学习的欲望。"

但是，许多家长并不懂得这个道理，面对孩子各种各样的"为什么"，他们往往会像故事中朋朋的爸爸一样，对孩子敷衍了事，甚至表现得十分不耐烦。殊不知，好奇心是孩子探究世界和未知事物的心理动力，家长的搪塞、敷衍甚至不耐烦，都会把孩子的这种心理动力扼杀掉。

试想，一个缺乏好奇心的孩子，哪里还会有兴趣汲取新的知识或者与人探讨呢？这样的孩子往往不够活泼，不爱读书，社交能力远远不如同龄孩子。

所以，明智的家长，应该正确对待孩子的好奇心，耐心解答孩子的疑问，千万不要过早地给孩子的性格发展与前程命运加上一把锁。

小冰和很多孩子一样，是个好奇心很重的小家伙。有一次，小冰在吃饼干的时候忽然问妈妈："妈妈，妈妈，饼干是什么做成的呢？"妈妈随口说道："饼干是用面粉做成的。"小冰接着问："那面粉是怎么来的呢？"妈妈笑着说："农民伯伯种了麦子之后，等麦子成熟了，把麦子磨成面粉，然后就可以做饼干了。"小冰还是不满足，接着问道："那麦子是怎么种出来的呢？麦子是不是也像路边的树长得那么高、那么大呢？"

妈妈觉得这个问题给小冰解释起来比较难，于是就想了一个办法。她让小冰坐着等自己一会儿，然后到书架上找了一本绘本给小冰看。妈妈一边让小冰看麦子的图画，一边给他讲解麦子种植的方法。讲了好一会儿，小冰才大致明白了。

有的时候，小冰问的问题妈妈实在回答不上来，她也不会随便应付，而是对小冰说："妈妈去查一查资料，晚上告诉你好吗？"在接下来的时间里，妈妈就会认认真真地查资料，然后给小冰认真讲解，直到小冰点头表示明白为止。

就这样，小冰的知识比同龄的孩子要多很多。有时候和别的孩子一起出去玩的时候，小冰已经能够充当小伙伴的老师了。看到小冰懂得了这么多知识，妈妈也觉得自己的付出是值得的。

有的孩子能成为发明家、成为天才，可是有的孩子却不能。造成这种差别的很大一部分原因取决于这些孩子的好奇心是受到了激发还是受到了压制。那么，如何才不会压制孩子的好奇心呢？

对孩子提出的问题要有耐心

孩子提出的问题，有时候在大人看来可能是幼稚、好笑的，但对于孩子来说，这些问题是求知欲和好奇心的具体表现。所以，当孩子提出一些问题时，要有足够的耐心，尽量通俗易懂地回答孩子的疑问，千万不要敷衍了事或不耐烦，因为这很容易打消孩子学习新知识的积极性。

根据孩子的年龄特点回答问题

许多家长有这样的困惑：不是不想回答孩子的问题，而是感到难以回答，觉得即使回答了，孩子也听不懂。其实，只要把握住孩子年龄段的理解特点，用形象化的、孩子能听得懂的语言回答就可以了。

不过，这是需要动脑筋的。比如，要给三四岁的孩子解释童话故事里的老鼠精是什么，就可以这样说："老鼠精就是像人一样能够思考、行动不同寻常的老鼠。"一般来说，对三四岁的孩子，用编童话、讲故事的解释方式比较好；而对五六岁的孩子，因为他们已经具备了一定的理解能力，就可以带他们一起看儿童知识画报了。

直面孩子提出的性问题

当孩子问你他从哪里来的时候，不要让你的惊慌情绪影响了孩子，不要让他认为问这种问题是一件耻辱的事情。

可以用比较生动的语言为孩子讲一个有关他出生的故事，让他感觉这是一件很美好的事情，让他确信，自己是爸爸和妈妈的孩子，这就足够让他兴奋了。具体怎么回答，家长可以发挥。

鼓励孩子提问题

对一些不喜欢提问题的孩子，要有意识地启发孩子多观察、多思考，让孩子多问"为什么"，经常问孩子"为什么"，这样做可以激发孩子的好奇心，扩大孩子的视野，活跃孩子的思维，培养其创造力。当孩子提出一些比较好的问题时，要及时鼓励。

不要简单说"不知道"，也不要欺骗

家长是孩子的榜样，家长的思想会深深影响孩子。家长承认自己无知，不但会挫伤孩子的求知欲和好奇心，甚至还会影响家长在孩子心目中的地位。而家长对孩子进行欺骗，则会让孩子在知道真相后对家长产生不信任。所以，对于回答不了的问题，可以查阅资料后再回答，还可以和孩子一起查阅书籍或者带他去实地参观，千万不要用"不知道"或者用错误的答案欺骗孩子。

多充实自己

孩子提出的问题，家长很多时候都未必能回答上来。因此，家长平时也应该多学习，要本着对孩子负责的态度，多阅读书籍，不断丰富拓展自己的学识。

● ● ●

保护孩子的想象力

相对于成人，孩子的想象力更加天马行空，丰富多彩。在孩子眼中，世界是神奇而充满诱惑的。有些事情，大人们看起来司空见惯，孩子对其却有着自己的观察角度与理解方式。所以我们常看到，一把扫帚，在孩子眼中，可以是飞行器，可以当马骑，可以做冲锋枪，还可以用来给雪人当胳膊；他们会把大海画成方形的，把陆地画成漂浮的，把阴天时的太阳画成戴着墨镜的，把满天星星画成手舞足蹈的……这些都是他们发挥想象力的结果。

孩子这种任意而为、纯真夸张的想象力，能激发其潜意识中的潜能，对他们将来的成长大有裨益。伟大的科学家爱因斯坦就曾经说过："想象力比知识重要，因为知识是有限的，而想象力概括着世界上一切进步的东西，并且是知识进步的源泉。"所以，千万不要小看这些充满稚气甚至近乎荒诞的异想天开，那里面很可能萌发着惊人的创新幼芽。但是，很多家长不懂得这个道理，他们只会扼杀孩子的想象力。

一位中国妈妈去幼儿园接儿子。看到儿子正在纸上认真画飞机，妈妈就没有打扰，而是站在旁边看了起来。可是看着看着，她总觉得儿子的飞机画得很别扭，于是就对儿子讲，他画得不对，这个地方应该这样画，那个地方应该那样画……可儿子还是不管不顾地自己画自己的。

妈妈在旁边看得着急，也不问儿子愿不愿意，就握住儿子的手"一起"画了起来，最后终于画出了一架她认为很像飞机的飞机。但儿子并不开心，他问妈妈："这是你要的飞机，为什么我就不能画我想要的飞机呢？"

而在一个美国家庭里，一个男孩画了一个蓝色的太阳，并将画交给了妈妈。妈妈看完后问他："你怎么把太阳画成蓝色的了？"男孩回答说："我画的是海里的太阳。"妈妈听了，很高兴地对他说："儿子，你画得棒极了！你实在太有想象力了！"

看，这就是区别！显然，美国妈妈的做法更有利于保护孩子的想象力。

千万不要给孩子的异想天开泼冷水，更不能用成人的思维方式对孩子进行粗暴干涉，而是应该多加鼓励，从孩子的"胡思乱想"中发现积极因素，并正确地加以引导。此外，还可以对孩子做一些想象力方面的训练。

多跟孩子玩玩脑筋急转弯

可以经常给孩子出一些脑筋急转弯的题，鼓励孩子在思考问题时多转几个弯。就像"树上有10只鸟，用枪打下一只还剩几只"这样的问题，幼儿园里孩子的答案就比成人的要千奇百怪得多。他们会问，打下来的那只鸟有没有怀孕，这10只鸟里有没有听不到声音的鸟等。这些在成人看来不按常理出牌的问题其实是非常可贵的，值得鼓励和提倡。

鼓励孩子自己编故事、讲故事

可以给孩子画一些简单的符号，一条线，一个半圆，一个椭圆，让孩子根据这些符号来编故事，鼓励他们尽可能多地想一些完全不同的故事；还可以讲一些有启发性的故事给孩子听，让他们想象接下来会发生什么故事情节。这种方式能够很好地保护孩子的想象力，拓展孩子的想象空间。

尽量限制孩子玩电子产品

现在电子产品每家每户都有很多，部分家长为了不让孩子"缠"着自己，就给孩子玩手机或平板电脑。可是，看视频或玩游戏会让孩子减少思考的时间，并不利于想象力的培养。美国儿科学会建议：千万不要给 2 岁以下的婴幼儿玩手机、平板电脑或其他电子产品，2 岁以上的孩子每天玩电子产品的时间最好控制在半小时以内。

支持孩子参加各种兴趣小组

家长应该支持孩子参加各种兴趣小组，让孩子多留意各种各样的事物，增加对事物表象的认识，丰富头脑中表象的储存量。让孩子多接触形象化的东西，如各种有益的文学作品、传媒作品，它们都可以拓展孩子的想象空间。

需要注意的是，孩子想象力的培养和发展不是一蹴而就的，要根据孩子的年龄特点采取适合的方法，引导孩子把自己的生活经验融入想象活动中，这样，孩子想象的翅膀才会更有力量。

培养孩子的创造力

我儿子纯粹是个"破坏大王",刚给他买的玩具汽车,拿到手里没两天就被他拆成一堆零件。家里的闹钟和收音机也都遭了殃,被大卸八块。有一次,他还用胶水粘打破的镜子,想要"破镜重圆"……

一位家长谈到家里孩子的破坏力,一脸的无奈。

其实,这位家长的无奈,也是大多数家长的无奈。因为成长中的孩子面对新鲜事物时,总想用自己的双手来探索其中的奥秘,所以会表现出一定的破坏力,如面对轮船模型,他们想知道它是如何运作的,就会把它拆得七零八落。然而,很多家长不知道的是,孩子在"搞破坏"的时候,正是他们创造意识和创造力萌芽的时候。

那什么是创造力呢?简单来说,创造力就是思考并做出反应的过程,是把想象的事情变为现实的能力,是用独特的方式建筑或者改造现实世界的能力。创造力是孩子学习的动力,是孩子重要的潜能之一。

儿童教育家陈鹤琴先生曾经说过:"儿童本性中潜藏着强烈的创造欲望,只要我们在教育中注意诱导,并放手让儿童实践探索,就会培养出创造能力,使儿童最终成为出类拔萃的符合时代要求的人才。"

所以,当孩子"搞破坏"的时候,要理解孩子的这种天性,并加以引导，让孩子的创造意识得到进一步深化，而不是一味阻止和呵斥。培养孩子的创造力不仅有利于其大脑发育以及自身处理问题能力的提高，还能让孩子从小养成勇于创造的好习惯，这对他们今后的学习和工作都大有助益。

那么，到底该如何培养孩子的创造力呢？

呵护、激发孩子的好奇心

面对新鲜、未知的事物，人都有去了解和探索的本能。孩子对世界的认识是从好奇心开始的，强烈的好奇心会增强他们的求知欲，而在获得知识的过程中，孩子能够体验到乐趣，这种乐趣会激励他们不断探究未知的领域。所以，好奇心对孩子创造性思维与想象力的形成具有十分重要的意义。好奇心是孩子与生俱来的，但是如果不好好呵护，它就会慢慢消退。家长要用爱心和责任心来呵护孩子稚嫩的好奇心。同时，还要善于用拆装玩具、猜谜游戏、为故事编结尾等方式激发孩子的好奇心，并巧妙引导孩子将对事物一时的探究欲望转化为长久的兴趣和动机。

让孩子多接触新鲜事物

丰富的想象力是创造的源泉，但想象不是凭空而来的，也需要丰富的生活实践。人们接触的事物多了，大脑里才能积累丰富的表象，这些表象经过改造、重组就会产生新的表象，创造也是由此而来的。平时，可以通过多样的形式丰富孩子的生活，开阔孩子的视野。孩子认识的事物越多，想象的基础就越宽广，就越有可能触发新的灵感，产生新的想法。把孩子关在家里，不让他们接触外界事物，只会把他们培养成"书呆子"。

指导孩子正确尝试

家长应该积极鼓励孩子的尝试行为，也许孩子的有些行为不合理，甚至还可能存在安全隐患，但不要简单制止，可以有针对性地对他们进行指导。可以鼓励孩子进行废物利用的尝试，如用塑料瓶做装饰品，用玻璃片做万花筒等；还可以让孩子自己动手修理自行车，拆装旧闹钟、废手表和旧玩具。这些都能培养孩子的创新和动手能力。

还可以利用现有条件让孩子进行一些科学小实验，如水的三态实验、水中沉浮的规律实验等。这些小实验都蕴含着自然科学的奥秘，有助于培养孩子对自然科学的兴趣，激发他们的求知欲和创造力。

● ● ●

不要干涉孩子"涂鸦"

孩子到了文化敏感期的时候,会特别痴迷于"涂鸦",他们往往把"乱糟糟"的画画得到处都是。面对这样的情景,家长要用正确的态度去对待,不要随便干涉。

因为"涂鸦"是孩子一种天然的语言表达方式。孩子会根据自己内心对事物的理解和自己的喜好,通过画画表达自己的所见、所闻、所思,表达他的情感,表达他不同于成人的感悟。所以,"涂鸦"不仅是一种美术活动,也是其认识世界、表达自己感受、发挥想象力的一种方式。

然而,很多家长习惯于用"像"或"不像"来评价孩子的绘画作品,还会纠正孩子的"乱画"行为。这不仅不利于孩子绘画天赋的培养,还会破坏其想象力。

最近,4岁的轩轩非常喜欢拿着笔乱画。有一次,妈妈指着轩轩画在纸上的东西问他:"这画的是什么呀?"

"轮船啊!不过我画的是有翅膀的轮船!"轩轩得意地说。

妈妈笑出了声:"轮船怎么可能有翅膀呢?而且轮船也不应该是这个样子的!来,妈妈教你,轮船应该这样画……"

轩轩听后,兴奋的表情立刻消失了,他直接扔了画笔跑回了自己的房间。从那以后,他再也不愿意画画了。

显然，轩轩妈妈的做法是不利于孩子成长的。

那么，当孩子乱涂乱画时，家长到底应该怎么办呢？其实，你只要正确看待孩子的"涂鸦"行为，不做过多干涉即可。

给孩子足够的自由

处于"涂鸦"期的孩子，手中的笔是活泼的，他们只会按照自己的喜好不停创作。有时候他们的学习热情甚至让家长惊讶。所以，家长要遵循孩子内心的需求，尽量给他们足够的自由，让他们能够尽情发挥自己的想象去创作，而不是随便制止孩子的"乱画"行为。

在充满自由气氛的环境中，孩子的绘画天赋很容易被激发出来。可如果家长制止了孩子，那以后再想让他们拿起画笔就很难了，因为到那时候，他们对绘画的学习欲望可能早已消失。

不要随便嘲笑和纠正孩子的画

6岁以前的孩子认识世界的能力还不强，他们用画笔所表达出来的事物可能会与真实世界完全不一样。在他们心中，树叶可以是蓝色的，月亮可以是方的，漂亮的花就要长得比树大……这恰恰体现了孩子的想象力和创造力。所以，家长不要随便嘲笑孩子，更不要按照成人的思考模式去纠正孩子的画。要知道，孩子画出来的最原始状态的画就是最好的作品。他们一旦被否定，自尊心就有可能受到打击，对绘画的热情也就消失了。

给予及时适当的引导

让孩子自由地去发展绘画天赋，并不是让家长当甩手掌柜，什么都不管，任由孩子漫无目的地乱画。正确的做法是：在适当的时候，给予孩子及时恰当的指导，让孩子的绘画水平跨上一个新台阶。

一天，小小兴奋地拿着自己在幼儿园画好的画给妈妈看。妈妈拿着画，上下左右研究半天，还是没看出来小小画了些什么。

"宝贝，你能给妈妈讲讲你的画吗？"妈妈问小小。

"好吧。看，这是一只蓝狗，这是一只黄狗，它们在抢一根大骨头。"小小认真的样子让妈妈有些哭笑不得，但还是夸奖她："嗯，小小的画很有创意。"

晚上，小小看动画片的时候，妈妈有意识地对小小说："这部动画片里的狼长得和狗差不多呢，都是四条腿，一条大尾巴。"

小小听了，看得更认真了，不过这次不是看剧情，而是仔细观察起狼的样子来。看着看着，小小想起自己的画来：自己画的狗只有两条腿呀，好像还没尾巴。

"明天一定要再画一幅才行。"小小对自己说。

小小妈妈的做法是很聪明的，这样既没有打击孩子学画的积极性，又引导她留心观察生活、发现自己的不足，非常值得家长学习。

不要吝惜提供创作工具

对处于文化敏感期的孩子来说，"涂鸦"是一件很了不起的"事业"。在这个过程中，他们不仅需要画笔，还需要可以画画的载体，如墙壁、纸张等。家长可以给孩子提供不同种类的载体、画笔和颜料，让他们去感受不同的载体和画笔所带来的不同效果。一块专门用来涂鸦的墙壁、一块可以反复使用的小画板、一张复印纸、一块餐巾纸、一张报纸、一根铅笔、一把蜡笔、一盒水彩笔等，都是非常好的材料。

别打击孩子对音乐的热情

～～～～～

音乐家冼星海曾经说过:"音乐,是人生最大的快乐;音乐,是生活中的一股清泉;音乐,是陶冶性情的熔炉。"所以,无论是大人还是孩子,生活中都不能缺少音乐。作为表达心灵感受的一种语言,音乐可以提高孩子对情感的领悟力,陶冶孩子的情操,对孩子的身心发育、智力发展都大有益处。

如今,很多家长已经意识到了音乐教育对孩子的重要性。"我让女儿学习自己喜欢的钢琴,偶尔还会带她去听听音乐会。这样做并不是要求她一定要成为音乐家,只是觉得一定的艺术修养对孩子的成长很有好处。"这种教育意识无疑是正确的。

也许有家长会说:"我们夫妻都没有音乐细胞,孩子也不可能有什么音乐天赋。"其实不然,要知道,每个孩子生来都具有一定的音乐天赋,这种天赋让他们在婴儿期就能随着音乐"跳舞",这是他们自然而然的反应,不需要大人过多启发。而在 4 岁左右进入文化敏感期时,孩子的这种反应就会变得更加强烈。这时候,他们会跟音乐特别亲近,这是最有利于发展潜在音乐天赋的时候。家长只要顺势引导,就算不能培养出一个音乐家,也至少不会让孩子成为一个不懂、不爱音乐的"粗人"。

那么,到底应该怎么做,才能激发出孩子潜在的音乐天赋呢?

为孩子创造良好的音乐环境

从小接触音乐、欣赏音乐，会让孩子对音乐产生浓厚的兴趣。要知道，学习音乐并不是一件多么严肃的事情，重要的是让孩子享受音乐带给自己的快乐。

有一位妈妈是这样做的：

为了让女儿的生活更加丰富多彩，我想让她学一门乐器。但咨询了老师，了解到女儿的乐感并不是很好，而她也没有对哪种乐器表现出特别的兴趣。于是，我决定先从培养女儿的乐感开始，慢慢引导她。

每天，我都让她的生活中充满了音乐。女儿起床时、吃饭时、临睡前，家里播放的音乐节奏都各有不同，或活泼有力，或优美舒缓，或轻松细腻。即便是给女儿讲故事的时候，我也会配合当天的故事情节，有意识地选择乐曲做伴奏，增强情感的渲染。有时，我还鼓励女儿跟随音乐的节拍随心所欲地做动作，也买来了跳舞毯，全家一起娱乐。现在，女儿已经能够主动放一些自己喜欢的曲子给我们听了，偶尔还会对不同的音乐做出不同的评价。

这位妈妈很值得家长学习。因为当美妙的音乐充满了孩子的生活时，孩子自身的节奏感和对音乐的感受能力一定会得到提升。

不要逼着孩子学乐器

为了培养孩子的音乐天赋，很多家长会逼着孩子练习各种乐器。其实，这是很不明智的做法，因为家长越逼迫，孩子越容易出现反感情绪，以致泯灭对音乐的热情。相反，如果顺其自然，他们可能不用家长逼迫，自己就会去练。

引导孩子选择适合自己的乐器

当孩子对某种乐器表现出一些兴趣时，不要急着给他们报学习班，最好保持一种观察的姿态，或者提供条件让他们去接触。急于把孩子的爱好当成天赋，把他们的内部动机强化成外部压力，让他们觉得原本好玩的事情一下子变成了甩不掉的负担，这么做，要么毁了孩子的兴致，要么毁了孩子的童年，是非常不值得的。

所以，当孩子主动提出想要学习某种乐器的时候，家长要分清这是他们一时心血来潮的决定，还是经过思考后下定的决心，然后为其选择合适的乐器。一般来说，4～5岁的孩子可以学习键盘乐器，基本掌握了音准和节奏感之后，再转学弦乐器效果会更好。

为孩子选择合适的老师

孩子年纪还小，比较容易情绪化。比起严肃认真、能力高超的教授，也许他们更喜欢亲切和蔼的大学生姐姐。所以，如果觉得有必要为孩子报班学习音乐，一定要给孩子选择合适的老师，让音乐课成为他们的期待，而不是负担。

● ● ●

生活即教育,让孩子轻松获取知识

"生活即教育"是我国教育家陶行知先生的生活教育理论的核心。他认为生活与教育是同一过程,教育不能脱离生活,生活也不能脱离教育。

一个 2 岁的孩子问妈妈吃的米是从哪里来的,妈妈从网上下载了水稻和农民插秧的图片给他看,还费了很多口舌解释水稻从播种到收割的过程,告诉孩子收割后的稻谷去壳后就成了米。可孩子听完后似懂非懂,没过两天又问妈妈米是从哪里来的。妈妈不厌其烦地又解释了一遍,但孩子依旧不明所以。

后来,妈妈找机会带孩子回乡下老家转了转。在那里,孩子看到了金灿灿的稻田,摸到了沉甸甸的稻穗,见到了收获稻谷的过程。妈妈趁机再对他说米的来历,孩子恍然大悟,以后再也没问过米是从哪里来的。对此,妈妈不禁感叹:"真是见一百次图片也没有看一次实物有效啊!"

人们也许可以通过死记硬背掌握知识,但无数研究表明,当知识与自己有切身关系时,更能引起人们的兴趣和重视,记得也更牢靠。所以,在教育孩子,尤其是年幼的孩子时,应充分发挥"生活即教育"的理念，而不是让孩子的教育仅仅局限于书本。家长帮助孩子把所学知识与现实生活、实际需要联系起来，能够让孩子对知识产生浓厚的兴趣，从而取得更好的学习效果。

生活中，处处都有学习的机会；生活中，随处都有最好的教具。将生活中挖掘到的内容作为教学素材，往往比课本上生硬的内容更深入孩子的内心，更能让孩子愉快地接受。

晓丹的妈妈对收藏颇有研究，为了让晓丹养成做事有条理的习惯，妈妈有意识地引导她对收藏的兴趣，鼓励她收藏自己喜欢的书签和贺卡。同时，还教晓丹一些有关分类收藏的方法。后来，晓丹告诉妈妈，她不但从中得到了很多乐趣，还学会了将自己的事情安排得井井有条。

妈妈曾经给晓丹读了一篇名为《风筝》的文章。为了让晓丹对《风筝》有更深刻的感受，周末，爸爸妈妈一起带着晓丹去商场选购了一款漂亮的蝴蝶风筝，然后去郊外放飞。回到家，晓丹还在爸爸的指导下亲手做了一个小型的简易风筝。就这样，晓丹对短文《风筝》的理解不仅仅停留于抽象的文字上了。

数学是比较抽象的东西，妈妈为了让晓丹懂得加减运算，带晓丹去超市的时候，就让她来比较哪种商品更划算，一共需要花多少钱。晚上在小区里散步，妈妈也会问晓丹："咱们每分钟走 80 步，爸爸每分钟跑 100 步，那咱们一起出发，谁能先回到终点啊？"在家具购买和安装的时候，妈妈也让晓丹拿着尺子丈量尺寸，让她有更多的空间概念。久而久之，晓丹对数学产生了强烈的兴趣。

出门旅行的时候，途中路过各种历史博物馆和自然博物馆，妈妈也不忘带晓丹仔细参观。这些潜移默化的教育让晓丹在不知不觉中掌握了不少地理常识和历史知识。

晓丹妈妈用来启迪晓丹的事例在我们的生活中比比皆是，遗憾的是，很多家长对这样的机会往往视而不见，让它们白白从自己的身边溜走了。可是，"纸上得来终觉浅"，仅靠书本给孩子传授知识，效果并不理想。

须知，对孩子来说，生活是他们吸收知识的天然大课堂，如果能够利用好这些机会，适时教育孩子，让孩子每天都随处吸收一点儿知识，久而久之，孩子就能学到很多的东西。这对大人和孩子来说，都是一件很轻松的事情。

● ● ●

不要对学龄前孩子进行超前教育

很多家长望子成龙、望女成凤心切,打定主意要让孩子"赢在起跑线"上,而无数商家和幼儿园也迎合了家长的这种心态,胎教、智力开发、才艺培训、学前教育……形形色色的课程应运而生。于是,越来越多的学龄前儿童过早地背起大书包,奔走于幼儿园和各个培训班之间。对此,一位妈妈的话反映出了大多数家长的看法:"没有爸爸妈妈不希望自己的孩子童年过得快乐、无忧无虑,但是身边别的孩子都在学,如果自己的孩子不学就会落后,所以只好狠下心来把孩子送进学习班。"

培训班中设立的各种课程暂且不论,仅在幼儿园中,小学化教育的现象就非常普遍。很多幼儿园开设了识字、算术、外语等课程,并定期对孩子进行测评。这直接导致孩子在幼儿园里活动、游戏的时间越来越少,大部分时间都用来上课了。对此,幼儿园老师表现得也很无奈:"很多家长带孩子来考察幼儿园,第一句话问的就是'你这里教孩子什么?'如今,家长越来越看重一些比较容易显示幼儿园教学成果的课程。很多孩子在刚上小学时就已经认识几百个汉字,会背几十首古诗了。"

教育专家表示,学龄前儿童正处于成长期,学前教育首先注重的应该是促进其全面、和谐的发展,帮助他们养成良好的行为习惯,发展其社会适应能力;幼儿教育小学化的做法从根本上忽视了学龄前儿童的生理及心理特点,这种超前教育虽然可以让孩子掌握一定的知识和技能,但剥夺了他们的童真童趣和游戏玩耍的权利，扭曲甚至扼杀了他们的天性，使孩子的感情和心理受到伤害，实在得不偿失。

那么，对学龄前孩子进行超前教育，到底会对他们的健康成长带来哪些不利影响呢？

影响孩子的身体发育

让年幼的孩子长时间保持一种姿势看书、写字，对孩子肌肉、骨骼的发育很不利。因为孩子的神经系统尚未发育完善，大脑皮质的控制能力也比较差，手往往不能服从大脑指挥，如果让孩子一笔一画地练习写字，会让孩子处于非常紧张的状态，影响其运动中枢的发育，对孩子手指肌肉的发育，尤其是对孩子的手腕伤害很大。同时，当幼儿的专注力放在看书、写字上，他们往往很难保证正确的坐姿，长时间低头看书很容易导致视力减弱，甚至成为近视眼。

影响孩子的个性发展

爱玩好动是孩子的天性，他们渴望做游戏，想做自己感兴趣的事，如果总是被强制学习，失去了自由，孩子活泼开朗的个性就会被摧残。心理学家认为，超前教育培养出的孩子长大后很可能表现得性格急躁、害怕失败、不敢冒险，还可能造成孩子感觉经验的缺失，从而导致孩子变得冷漠、孤僻、缺少同情心等。

影响孩子其他能力的形成

孩子对所处的世界充满了好奇，他们会尽可能地去探索和发现周围的事物。他们需要通过大量的游戏和运动来促进大脑和感觉器官的发育，实现运动系统的协调。过早地让他们学习各种枯燥的抽象知识，会将孩子的注意力转向对抽象符号的关注，从而让他们丧失很多在真实世界中体验和思考的机会。孩子的精力是有限的，过于强调某方面的能力，其他方面的能力就很难得到良好的发展。当孩子将有限的精力用在学习抽象知识上时，孩子的想象力、创造力、运动协调能力、人际交往能力等就会受到影响。

影响孩子对学习的认识

学龄前孩子的生理、心理特点决定了他们的生活应以游戏为主，同时可以通过做游戏的方式学习一些粗浅的知识。如果让他们系统地学习文化知识，提早接触课本，孩子的智力、能力很难接受得了，而学习效果不理想，又会让他们受挫，有的孩子即使勉强接受了，进入小学后也未必会取得很好的成绩。因为到了小学，重复学习已经接触过的知识，孩子没有新鲜感，就很难保证一直认真听讲，甚至因为注意力不集中而做小动作，养成不良的学习习惯，而对那些原本似懂非懂的知识也失去了加深理解的机会。久而久之，孩子会对学习产生恐惧和厌恶心理。

美国心理学家对"以学习知识为主导"和"以社会交往为主导"的两类学前班进行比较后发现：5岁时，前者培养出来的孩子能够认识更多单词和数字，但是到了6岁，这一优势就消失了；而在学习热情和创造力上，后者培养出来的孩子具有明显优势。

那么，在对待孩子的教育问题上，家长是不是什么也不做，放任孩子发展就可以了呢？并非如此。

敏敏妈从来没有刻意教敏敏认字，也没给她做过识字卡。每次拿起书给敏敏讲故事时，妈妈也从来没有将故事的内容转化成孩子更容易理解的口语,而是完全按照书上的文字,一字一字地读给敏敏听,然后向她解释书中的内容。渐渐地,从妈妈指着书一个字一个字地读给敏敏听,发展到敏敏指着书上的内容,妈妈读给她听,敏敏指到哪儿,妈妈就读到哪儿。就这样,理解了文字作用的敏敏已经能把故事和文字联系到一起了。

平时在外面看到路牌、在商场看到商品包装、在餐厅看到菜单,妈妈总是不失时机地指一些文字给敏敏看,遇到感兴趣的字,敏敏也会问妈妈。有一天,妈妈突然发现 5 岁的敏敏正在连猜带蒙地读一本简单的童话书,还像模像样地读得津津有味,妈妈这才意识到,原来敏敏已经认识很多字了。

看,有意识地、科学地、顺其自然地学习,孩子照样能学到东西。所以作为家长,最好的教育方法就是允许孩子按照自己的年龄、发育程度自由发展,让他们在顺应天性、寓教于乐的教育中得到成长。

● ● ●

Part

6

情感敏感期，爱是最好的养料（4.5~5.5岁）

情感敏感期：让孩子感受到你的爱

研究表明，如果孩子在幼年与父母、抚养人之间缺乏很好的情感交流，他们的情感就很难健康地发展起来。这些孩子在幼年时期常常会感到焦虑，容易发怒，容易产生攻击行为、多动行为等。而这种影响很可能持续孩子的一生，导致他们长大以后都很难用良好的方式与他人进行情感交流和沟通。

聪聪和明明是兄弟俩，哥哥聪聪5岁，弟弟明明1岁。最近，有一个问题让他们的爸爸妈妈苦恼不已，那就是他们发现聪聪特别嫉妒明明。聪聪喜欢和明明抢东西，凡是明明有的，他也一定要有，哪怕是他根本不需要的；聪聪总是和明明"抢"妈妈，妈妈在照顾明明的时候，他也闹着要妈妈照顾；在大人不注意的时候，聪聪会时不时地攻击明明，有时下手还比较狠。

爸爸妈妈并不理解聪聪为什么会有这样的行为，只能更加严厉地管教他，结果却导致聪聪的攻击行为更加频繁。无奈的爸爸妈妈只能向儿童心理专家寻求帮助。

原来，聪聪之所以会有这些行为，是因为在明明出生前，聪聪一直是家人关爱的焦点，但在明明出生后，家人的关注点更多地放在了明明身上，从而或多或少地忽略了聪聪。这导致聪聪总怀疑爸爸妈妈不爱他了。这种巨大的不安让他对明明产生了强烈的嫉妒，认为是明明抢走了爸爸妈妈对自己的爱，所以就用攻击和破坏等方式来验证爸爸妈妈是不是爱自己。

遗憾的是，爸爸妈妈并没能理解聪聪的举动，在他哭闹尤其是攻击明明的时候，总对他严厉地斥责，这让聪聪更加失望，对爸爸妈妈更加不信任，攻击行为也更加频繁。

如果爸爸妈妈能够理解聪聪的嫉妒行为，经常拥抱、亲吻聪聪，并反复告诉他："爸爸妈妈和过去一样爱你，只是因为弟弟年龄小，不能照顾自己，所以需要爸爸妈妈多照顾一点。"让聪聪知道，他们还是像以前一样爱他，那他内心的恐慌就会解除，攻击等行为自然就不会再发生了。

可见，在表达对孩子的爱上，重要的不是家长觉得自己有多么爱孩子，而是要让孩子能够更多地感受到家长的爱。

孩子是非常敏感的，父母的一言一行都可能对他们产生影响。如果家长经常对孩子说："你不乖的话，我就不喜欢你了。"孩子就会误以为你真的不再爱他了。有时候，孩子莫名其妙地哭闹或发脾气，并不是他不懂事，在无理取闹，而是在验证你是不是还在乎他。所以，要理解孩子这种没有安全感的心理，给予孩子坚定的保证：无论怎样，我们都永远爱你。

比起中国父母，欧美父母似乎更擅长用言语和行动来表达自己对孩子的爱。"我爱你"是他们对孩子最常说的一句话，温暖的拥抱也是他们传递爱意的渠道。很多妈妈可能从来没有对孩子说过"我爱你"，但是想让孩子感受到他对你有多重要，有什么比直接告诉孩子你有多爱他更好的呢？

孩子需要家长的关爱，一声"宝贝"，一句"我爱你"，一个充满温情的眼神，一个鼓励的微笑，一个热情的拥抱……都是妈妈爱的信号。从中，孩子能感受到自己是被爱的，感觉到自己是"受宠"的，这会让他们的生活充满了幸福快乐，让他们的成长充满了能量，让他们对未来充满了信心。

　　所以，请不要吝啬对孩子言爱，不要疏于对孩子爱的表达。爱他，就让他感受到！

● ● ●

别让孩子觉得他是你的负担

小雪的幼儿园同学兰兰请她去家里做客。小雪回家后问了妈妈一个问题:"妈妈,你说是做妈妈好,还是做律师好?"

"这二者有冲突吗?"妈妈很奇怪地问。

"有冲突,兰兰的妈妈说,她为了兰兰连最喜欢的律师事业都放弃了。我长大以后不要做妈妈,要做律师。"

妈妈不想让小雪过早感受到成人的压力,于是把话题转移了。

兰兰的妈妈既然已经选择了为女儿放弃自己的事业,又何苦在女儿面前抱怨呢?然而现实中有很多家长都像兰兰妈妈一样,喜欢把自己塑造成为孩子奉献了一切的牺牲者角色,以此来博得孩子的同情与合作:"我为了你省吃俭用,起早贪黑的,你还这么不听话,你对得起我吗!""你上幼儿园妈妈就解放了,终于有点属于自己的时间了!"

可是,孩子听了这样的话会是什么感觉呢?他们可能会觉得:自己是父母沉重的负担,父母要时时刻刻为这个负担操心。这种想法在孩子心中不断强化,最终会根植于孩子意识深处,让孩子充满负罪感。与此同时,家长的这种说法也很容易让孩子产生这样一种误解:爸爸妈妈并不爱我,教养我长大只是为了完成任务,他们正迫不及待地等着我赶快长大,好完成任务呢!

没有不爱孩子的父母，也没有父母真心把孩子当作负担，但家长无意间说出的"为了你，我付出了很多""我牺牲了我的事业"这样的话，只会增加孩子的不安全感和愧疚感，让孩子无法分辨出爸爸妈妈是否爱他，因此而心生不安，郁郁寡欢。另外，家长对孩子来说是很有权威的，孩子非常相信爸爸妈妈说的话，他们容易因为爸爸妈妈的话将自己当成家庭的负担，产生迫切想要逃离的想法。

可是，很多家长都不明白这个道理，尤其是一些全职妈妈，因为将全部精力都放在了家庭和孩子身上，因此更容易发出自己为家庭、为孩子牺牲了一切的抱怨。

教育孩子需要平和的心态，带着怨气是教育不好孩子的。失衡的心态甚至会引发夫妻间的矛盾，影响婚姻的稳定。为了孩子健康成长，为了家庭幸福美满，全职妈妈要学会适度从家庭、孩子中抽身出来，养花种草、缝纫编织等爱好或是一份兼职工作，都能帮你将精力和情感分散开来，进而达到内心的平衡，兼顾好孩子、家庭和自己。

教育孩子的确很辛苦，需要家长投入全部精力，但只要用心体会，你会发现这也是一件快乐的、值得享受的事情。看着孩子一天天长大，你从中收获到的欣慰是他人无法体会的。当孩子到了振翅高飞的那天，有了自己的事业和家庭，不像儿时那样依偎在你的身边，"熬出头"的你会备感失落。

所以，明智的家长即使有着各种各样的压力，也会甘之如饴地享受孩子带给自己的"甜蜜的负担"，并经常告诉孩子，他们带给自己的快乐是他人无法替代的。

● ● ●

爱孩子就要尊重孩子

你知道孩子最需要什么吗？是吃的、穿的、用的、玩的，还是知识、技术？其实都不是，孩子最需要的，是父母的尊重。孩子虽小，但也具有和父母平等的人格。正如冰心所说："小孩子的自尊心可不小。所以，你不能以为你是大人，他是孩子，要平等。"

在这一点上，美国父母的做法就非常值得学习。在他们看来，孩子从出生那天起，就有自己独立的意愿和个性。无论是谁，都没有权利去支配和限制他的行为，更不能替他做选择。所以，他们每做一件事，甚至每说一句话，都会考虑是否尊重和理解了孩子的心理。拿吃饭来说，中国父母可能会用命令的口气对孩子说："多吃点蔬菜！"而美国父母则会说："亲爱的，你知道为什么你最近常常不舒服吗？这都是因为蔬菜吃少了。"

尊重孩子，看似一个简单的问题，但做起来一点都不简单。尊重孩子体现在日常生活的点滴之中，稍不注意，就可能伤害孩子敏感的自尊，让他们觉得你不够爱他们。

那么，怎么才能做到尊重孩子呢？

给孩子营造一个平等的生活氛围

孩子不是成人的附属品，他和成人一样，也是一个完整、独立的个体，有自己的世界、自己的空间，需要被尊重。所以，家长应该给孩子创造一个平等的生活氛围，允许孩子有适合他年龄段的看似简单的想法存在；与孩子和睦相处，平等生活，遇到事情共同探讨，共同商量，接受孩子对成人的合理建议。这样，会使孩子觉得你尊重他，自尊得到了维护的孩子会获得愉悦感和成就感，同时也会更加确信，你是爱他的。

站在孩子的角度看问题

圣诞节的晚上，年轻的妈妈带着5岁的女儿一起参加公司的圣诞晚宴。妈妈不断地领女儿到宴会的各个地方，兴高采烈地和同事们打着招呼。她以为这里场面热闹，食物丰盛，还有圣诞老人和礼物，女儿一定会很喜欢，但是女儿一直皱着眉头想要离开，甚至哭了起来。

妈妈一开始还能耐心地哄女儿，但多次之后，看到坐在地上，连鞋子都甩掉了的女儿，她的耐性全用光了，火气也上来了。她气愤地把女儿从地上拽起来，训斥之后蹲下来给女儿穿鞋。就在妈妈蹲下来的一瞬间，她惊呆了：眼前晃动的都是大人的屁股和腿，而不是自己刚才看到的那些笑脸、美食和礼物。她立刻就明白了女儿为什么会不喜欢这里。

这个故事就给了我们很大的启示。与孩子交流，最重要的就是要用孩子的眼睛来看世界。站在不同的位置能够看到不同的风景，处于不同的立场也会产生不同的观念。很多时候，家长站在孩子的角度，体会孩子的感受，既是对孩子的一种尊重，也是实现有效沟通的一种重要技巧，能够快速拉近家长与孩子的心理距离。

父母做错事要道歉

到了去亲子中心上课的时间,妈妈催了卉卉好几次,可卉卉还是一直在低头摆弄她的拼图。眼看就要迟到了,妈妈怒气冲冲地走过去,抓起卉卉面前的几块拼图扔进了垃圾桶里。卉卉眼泪汪汪地看了看妈妈,想要说些什么,但还是沉默着换了鞋,跟妈妈出门了。

路上,妈妈忍不住又批评了卉卉几句:"不是不让你玩拼图,但是你不该因为贪玩耽误了上课。"卉卉听了,小声说了句:"我就是想把它们放回盒子里,好下次再玩。"妈妈听了,虽然有些后悔自己刚才的做法,但像以前一样,还是没有说什么。

谁知就在这时,卉卉又小声地问了一句:"妈妈你是不是不爱我了?""为什么这么说?"妈妈有些错愕。不过,卉卉却低着头,再也不肯出声了。

很多家长为了维护自己的面子,做错了事还故意摆出架子不向孩子认错,或者找个理由为自己开脱,这实在不是明智之举。如果家长总是为自己的错误"打掩护",不肯向孩子承认自己的错误,久而久之,孩子很容易对家长的爱产生怀疑态度,就像故事中的卉卉一样。

所以,家长做错事,应该为自己的错误真诚地向孩子道歉,这不仅可以明确表达出家长对孩子的尊重,还可以架起亲子沟通的桥梁,是维护亲子情感的良方,也是家长应该为孩子做出的正确行为示范。

• • •

做个"会听"的家长

圆圆对正在厨房做饭的妈妈说:"妈妈,已经是周末了。"

妈妈正忙着切菜,看也没看圆圆就说:"这还用你说吗?我当然知道。"圆圆有点泄气,但是她还是鼓起勇气提醒妈妈:"妈妈,你上周不是说……""我说什么了?我忘了。"妈妈仍是头也不抬地回答。

其实,圆圆是想提醒妈妈,上周妈妈答应过自己这个星期天带她去海洋馆的。不过一听妈妈这么说,圆圆嘟囔了一句"那算了",转身就要离开。

妈妈觉得圆圆有点奇怪,回头看了看她,问:"你到底有什么事啊?吞吞吐吐的,有话就说。"

圆圆看了妈妈一眼,说声"没事了",回自己房间去了。

英国教育家斯宾塞说过:"细心的父母可以发现孩子微妙的变化,弄清楚孩子没有明说的思想感情。需要的技巧是及时抓住孩子隐藏在内心的思想感情的微小、微妙的线索。"由此可以看出,圆圆的妈妈还算不上是"细心的父母"。

有时候,出于自尊心或是别的原因,孩子并不愿意或认为没有必要说出自己的想法,但他们又很想让父母明白他们的意图,为此,他们会用试探、提醒等方式对父母进行暗示,用这种方式与父母交流。而让孩子失望的是，很多家长不明其意，还有些家长嫌孩子小题大做，浪费自己的时间。就这样，很多家长和圆圆妈妈一样，让简单的呵斥成为亲子交流的主要语言。这会让孩子对父母的爱产生怀疑，进而学会隐藏自己的真实想法，关闭自己的心灵之门。

一个女孩的妈妈曾经讲述过这样一件事情：

女儿4岁的时候，每次我看书她总会打断我，不停地想吸引我的注意。她一会儿指着自己的厨房玩具对我说："妈妈，快看，我给我的布娃娃做饭了！"我常常是应付着点点头："好，继续玩吧。"可没过一会儿，她又装作不小心摔倒，坐在地上哭个不停，等我把她扶起来……最后我忍无可忍了，躲到楼下的小公园里去看书。直到我听了一个关于亲子关系的讲座，才意识到自己的做法对女儿来说是多大的伤害。

孩子在成长过程中，渴望被关注是一种情感和安全感的需求，在情感敏感期尤其如此。他们一旦不被关注，其安全感就会瞬间消失。唱歌、破坏、说谎、装病等，都是孩子用来表达自己不想被忽略的信号。

家长应该学会倾听这些来自孩子的弦外之音，这样才能真正领会孩子的思想意图，知道孩子在想些什么、要求什么、希望什么。为了做到这一点，家长要细心地观察孩子反常的、细微的行为信号，如孩子的声调、表情、动作等。有些孩子在试探父母时，会用眼角偷偷地瞄父母，或是抿嘴、低头，或是紧张地搓手，或是揉衣角。这些都是孩子的异常表现，家长要提高对这些细节的敏感度。孩子习惯行为的消失也是一大信号，如不吃饭、不睡觉、不做游戏或是精神不像平时那样集中等。

除此之外，家长还要倾听孩子话中字里行间的意思，分辨出孩子想要告诉自己什么，还可以通过提问的方式来弄清孩子的动机。比如，孩子说"我们田老师太讨厌了"，家长不要简单地回答："不可以说这种话，老师再讨厌也是老师，作为学生你应该尊敬老师。"这对沟通来说是无效的。此时，应该意识到一定是老师做了某些让孩子觉得不公平或是讨厌的事，孩子才会说这样的话。可以问："哦，发生了什么事，说来听听？""是吗？田老师做了什么让你不高兴的事吗？"当孩子向家长诉说了原因以后，家长就能更准确地了解孩子的想法，从而有针对性对其进行引导。

在倾听孩子诉说的过程中，家长可以用相似的语言不时地总结、重述孩子所讲的关键内容，包括他的感受及其产生原因，还可以猜测孩子的内心感受，并鼓励孩子对自己猜测错误的部分进行纠正。

总之，想要做个"会听"的家长，准确理解孩子的弦外之音，既要做到学会察言观色，又要尽量将自己调整到与孩子同步的心理状态下，去体会孩子的真实感受。

● ● ●

正确使用非语言因素表达爱

语言学家研究表明，人与人之间的沟通只有 7% 是通过语言进行的，而高达 93% 的部分是通过非语言进行的。在 93% 的非语言沟通中，只有 38% 是通过音调的高低进行的，而有 55% 是通过面部表情、手势、姿态等肢体语言进行的。可见，在与人沟通和表达情感上，非语言因素是非常重要的。在日常生活中，家长向孩子表达爱，也应该多用一些积极的非语言因素。因为对情感敏感期的孩子来说，一个关怀的眼神、一个温暖的拥抱，都能让他们感受到你浓浓的爱意。

那么，有哪些非语言因素是家长可以运用的呢？

眼神

眼睛是身体器官中最富于表现力的部位，当孩子向家长倾诉的时候，当孩子想要做某件事的时候，他们往往会看着家长，从中找出家长的看法。柔和的眼神代表默许、支持和鼓励；严肃的眼神代表否定和反对。家长要学会用充满爱意的眼神与孩子实现心灵上的沟通，表达对孩子的关切。

微笑

没有孩子喜欢整天看着一张冷冰冰的脸，也没有孩子希望自己的笑脸换来的是家长的无视。家长总是板着脸，就意味着断绝了孩子主动倾诉的可能。在教育犯错的孩子时，冷面孔是有必要的，但切记不要让冷面孔变成一种习惯。如果家长从不轻易给孩子一个微笑，那么亲子关系会处于紧张、矛盾中，孩子很容易变得孤僻、内向，甚至产生严重的心理问题。

微笑是家长与孩子之间天然的润滑剂，家长的微笑蕴含着真诚与关爱，能够向孩子传达出理解与信任，可以带给孩子信心与力量。

爱抚

人类皮肤上的触摸感受器对接受刺激有一定的需求，如果这种需求得不到满足，人就会患上"皮肤饥饿"症。家长的爱抚，尤其是妈妈的爱抚，能够让孩子心情安定，精神放松。研究证实，那些能够经常得到妈妈爱抚的孩子更容易建立起对他人的信任感。这些孩子长大后往往性格开朗、自信心强、富有爱心，而且社会适应性也较强。

事实上，触摸皮肤是一种直接的关怀方式，它能把你的体贴和爱护无声地传递到孩子心里。在孩子生病难受时，贴贴孩子的脸能够将你的心疼和担心传递给孩子；在孩子取得优异成绩时，摸摸孩子的头说"你真棒"，要比干巴巴地说一句"做得不错，继续努力"让孩子开心得多；当孩子处于困境时，拍拍孩子的肩膀，能让他体会到你的支持。总之，爱抚带给孩子的力量要远大于那些慷慨激昂的鼓励之词。

拥抱

美国心理学家赫洛德·弗斯说过："拥抱可以消除沮丧，它能使人体的免疫系统效能上升，能为倦怠的身体注入新的能量，能让人变得更年轻、更有活力。在家庭中,每天拥抱彼此能加强成员间的关系,并且大大减少摩擦。"

最近,女主人的狗经常走失,她不得不三番五次地花重金寻找。后来,她发现竟然每次都是自己5岁的女儿偷偷把狗放走的。女儿见事情败露了,干脆在家里公开宣称:在家里,有狗无她,有她无狗。在家人的再三追问下,女孩哭诉道:"妈妈一天到晚只顾抱着她的狗,从来不听我说话,不陪我玩,更没有抱我一下。我恨那只狗夺走了妈妈,所以要扔掉它。"

对于孩子来说,家长尤其是妈妈的拥抱不是一个小小的动作,它是来自妈妈的温暖,等同于妈妈在对他说"我爱你",这对孩子来说是很重要的精神鼓励。经常被妈妈拥抱的孩子,心里会洋溢着甜蜜和温馨,心态更加健康积极。所以,家长不要吝啬,要多给孩子一些拥抱。

此外,亲吻、握手、点头等饱含情感的非语言因素同样也能够让孩子感受到爱,这对孩子的健康成长有很大的影响。家长要学会适当地运用这些非语言因素,拉近与孩子的距离。

● ● ●

慎重使用表示批评和惩戒的体态语言

国外有一种说法叫"MMES",意思是"微小短暂表情"。这种表情可能只持续一瞬间,但这短暂的表情会透露出人潜藏在心中的秘密,传递出真实的感受和态度。

孩子对家长体态语言的微妙变化常常把握得很准确,因此,家长在运用表示批评和惩戒的体态语言时一定要谨慎,因为这些都属于消极性体态语言,如果运用不当,会严重影响亲子感情。

双臂倒背

这一体态传递出的是权威信号,家长对孩子不满或批评孩子时经常倒背双臂,孩子会从中感受到父母的威严。父母在督导或惩戒孩子时可以把双臂倒背起来。但是在一些普通场合,如和孩子聊天时,不应采取这种体态,因为这样做会给孩子一种居高临下、气势逼人的感觉,让孩子产生心理压力,不利于亲子间进行沟通与交流。

双臂交叉于胸前

双臂交叉于胸前是人与人交流过程中很常见的一个姿势,这一体态传递出否定、防御的信号。当人们交叉双臂抱于胸前时,就好比在其和别人之间筑起了一道障碍物,将不喜欢的人或物阻挡在外边。

在批评孩子时，家长经常会下意识地采用这种体态语言表示否定态度，但这样做会给孩子一种压力或蔑视的感觉，妨碍亲子间的情感交流。当然，这种体态并不是完全消极的，有时也会给人一种悠然自得的感觉。在与孩子交流时，如果面带微笑，这种体态也能给孩子一种平易近人、和蔼可亲的感觉。所以，家长要灵活运用这一体态，以免产生副作用。

漠视

有时，当孩子提出了无理要求时，家长只是用眼睛随意一瞥，甚至看都不看一下，直接把孩子晾在一边，就等于拒绝了孩子的要求，同时也起到了批评和惩戒的作用。然而，这种漠视对孩子的自尊心伤害极大。如果孩子兴高采烈地跟家长说一件事，家长却漠然视之，好像孩子没有出现一样，这会对孩子的热情和心理造成伤害。因此，家长要慎用这种体态语言，即便用它批评和惩戒孩子，也要与口头语言相结合，把道理给孩子讲明白。

瞪眼

瞪眼是人发怒时一种自然的面部表情，表达了强烈的反对和生气情绪，对孩子的严重不端行为具有威慑作用，可以起到暂时中止孩子不良行为的效果。但是不能无所顾忌地采用这种体态语言。家长在生气发怒时，咬牙切齿，横眉竖眼，一副凶神恶煞的模样，时间久了对孩子没有太多的好处，只会导致亲子关系紧张，让孩子对家长敬而远之。因此，当孩子的行为让家长很生气的时候，家长也应该控制情绪，不要瞪眼发怒。

不要当着孩子的面吵架

一家儿童医院的医生曾谈及这样一个病例:

一对夫妻带着 7 岁的儿子到医院就诊,他们告诉医生,孩子最近一段时间出现了嘴角以及全身抽动的症状。

被问及何时发现孩子出现这种症状时,夫妻俩回忆了一下说:两人结婚 8 年了,最近两三年经常为一些生活琐事而吵架,吵架时也没想过要避开孩子。两个人刚开始吵架的那段时间,孩子总是害怕、流泪。后来,夫妻俩再吵架,孩子竟然渐渐不哭了,而是躲起来。就在前不久,夫妻俩再次吵架时,妻子一气之下想要带着孩子回娘家。可就在这个时候,他们发现孩子嘴角、眼角甚至全身都开始抽动。两个人连夜带着孩子去医院检查了一下,但是医生说孩子的身体没什么问题。可最近几天,孩子再次出现了这种情况,而且越来越严重。经过检查,医生确诊孩子患上了抽动症。

对此,医生解释说,夫妻俩经常当着孩子的面吵架,给孩子造成了较大的心理压力。这种情绪发泄不出去,一直压抑在孩子心里,时间长了,孩子幼小的心灵无法承受这种痛苦,于是动用了心理防御机制,将其转化成躯体方式体现出来,就出现了全身抽动的现象。

根据调查显示,有 85% 的孩子最害怕的就是父母吵架。父母或许觉得激烈的争吵不过是漫长婚姻道路上的一个小波折,孩子却会因此而产生不必要的担忧：这是不是我引起的？爸爸妈妈还能和好吗？我们的家要散了，爸爸妈妈不要我了……尤其是情感敏感期的孩子，他们正处在特别依恋父母、特别需要爱的时期，如果父母吵架，他们更容易因害怕失去父母而心惊胆战，变得没有安全感。这对孩子智力、心理和身体发育造成的负面影响将难以弥补。

哲学家弗洛姆曾经说过："当一个不幸的婚姻面临解体时，父母之间陈腐的论据是，他们不能分离，以免剥夺一个完整的家庭给孩子带来的幸福。然而，任何深入的研究都表明，对孩子来说，家庭中紧张和不愉快的气氛，比公开的决裂更有害，因为后者至少教育孩子，人能够靠勇敢的决断，结束一种不可容忍的生活状况。"

所以，曾有教育专家呼吁：让孩子生活得有安全感是为人父母者的责任，如果确实有矛盾需要解决，夫妻双方必须要考虑孩子的心理感受，尽量控制情绪，不要随意发泄；当着孩子的面吵架是在任何情况下都应该避免的，而冷战同样会给孩子带来心理伤害；如果孩子在场，最明智的方式莫过于心平气和地各抒己见。

但人非圣贤，相信没有哪对夫妻能真正做到几十年如一日地相敬如宾。如果家长真在孩子面前吵起来了，事后该怎样来弥补呢？

要安抚受惊的孩子

吵架后应该告诉孩子，大人吵架的事情和他无关，不要让孩子认为是自己不好导致父母吵架的，避免孩子产生自责心理；要鼓励孩子把当时的感受说出来，弄清楚孩子害怕的是什么，是父母吵架时的表情和声调，还是怕父母分开之后不要自己了；可以使用拥抱或亲吻等肢体语言来传达对孩子的关爱，同时向孩子保证父母无论争吵与否，都是非常爱他的，不会不要他，让孩子安心。

千万不要对着孩子诉苦

有些妈妈会在吵架后边流泪边对孩子诉说自己的委屈和难处。这种做法会让孩子过早地面对成人世界的烦恼,不但对妈妈毫无益处,也会增加孩子的心理负担,影响孩子的心理健康。所以,千万不要把孩子当成倾诉对象,不管受到怎样的伤害,那都是大人之间的恩怨,应该在大人之间解决。

不要在孩子面前指责另一方

在调整好自己的情绪后,可以对孩子说说吵架的事,把争吵的起因简单告诉孩子,尽可能不加入自己的意见。切记,只说事,而不针对人,如"爸爸妈妈因为某事的意见不同而有些争论"。如果妈妈在孩子面前说批评爸爸的话,或爸爸在孩子面前说妈妈的不是,会有很多副作用:一种情况是,孩子不想得罪任何一方,为了讨好父母而养成心口不一的习惯;另一种情况是,孩子偏爱其中的一方,而孤立另外一方,导致夫妻关系、亲子关系更加恶化。

最好当着孩子的面和好

家长可以向孩子说明,吵架的事情已经过去了,爸爸妈妈以后不会再吵了;同时要向孩子解释清楚,当时是因为一时冲动,没有控制住自己的情绪才吵架的。尽管这些解释孩子可能并不完全懂,但是当他看到爸爸妈妈和往常一样心平气和地讲话、相处时,自然就会平静很多。

要勇于承认错误

小宝的爸爸妈妈吵架时,怒极之下,小宝的妈妈大声地斥责小宝爸爸是"精神病"。小宝听到后慌了神，连忙打电话向奶奶求助："快来救爸爸，他生病了！"奶奶问清原委后对小宝做了解释，大人们本以为事情就这样过去了，没想到，从那以后，小宝竟将"精神病"当成了自己的口头禅。为此，小宝妈妈专门郑重地向小宝承认了错误："是妈妈说错了话，妈妈以后一定注意。"至此，小宝的"吵架后遗症"才算彻底痊愈。

家长的一言一行都可能成为孩子模仿的对象，所以一定要注意吵架时不能"口不择言"，更不要用一句"这种话大人能说小孩不能说"就把自己的不良言行敷衍过去，要勇于向孩子承认错误。

总之，为了让孩子拥有自信、乐观的心态，对生活充满热情，一定要为孩子营造一个温馨和睦的家庭氛围，不要让孩子终日生活在惶恐不安中。

● ● ●

陪伴是对孩子最长情的告白

教育专家指出,孩子在 12 岁之前,父母主动进行的亲子活动至关重要,会影响孩子的一生。在这个阶段,如果孩子缺乏足够的陪伴,他们的世界就会缺乏父母的形象,不利于其人格的形成与完善。

然而在现实生活中,很多家长并不懂得这一点,他们为了给孩子富足的物质生活,只知道多挣钱,却很难拿出一点时间陪陪孩子。可是这些家长问过孩子真正需要什么吗?

所以,"工作忙""加班挣钱""为了以后能更好地生活"……这些都不能作为家长不陪伴孩子的借口。要知道,孩子需要的不是一台"赚钱机器",而是父母的陪伴。虽然经济条件对一个家庭来说很重要,但是只要有父母的陪伴,即使经济条件差一些,孩子的内心依然是快乐的。反之,就算物质条件再好,缺少父母的陪伴,孩子内心也难以快乐。

元元的父母在市里开了一家汽车 4S 店,他们经营有道、利润丰厚,就是没有时间照顾元元。元元穿的用的无一不是各大名牌的当季新品。但是,老师和同学很难在他脸上看到笑容。放学后,他不像其他同学那样急着收拾书包赶回家,而是慢吞吞地走出校园,然后在大街上闲晃,时不时去游戏厅和网吧消磨时间。老师了解到这个情况以后,决定找元元谈谈心。

"为什么放学后不直接回家呢？"老师问。元元回答说："回到家里也没人陪我，睡觉了还见不着个人影，太没劲了，还不如出去玩一会儿。"

"你父母知道这种情况吗？""我从小就很少见到他们，都是爷爷奶奶带我。现在我大了，他们每天忙着挣钱，估计没什么时间想起我吧。"

与成绩垫底的元元不同，佳佳是一名品学兼优的学生。小时候，他家住在郊县，父母没有稳定的职业。但是不管做什么，他们总是把佳佳带在身边。后来，他们在市里开了一家小小的粮油店。为了能有更多的时间和佳佳在一起，店铺后边一个简陋的房间就成了全家人的生活空间。

佳佳从小就养成了一个习惯，妈妈做什么，他就跟着做什么。一次，长大的他第一次从妈妈手中接过一袋面粉，这时他才意识到，原来妈妈瘦弱的身躯一直承载着这样的重量！从那以后，心疼父母的他只要回到家里就要尽可能地帮父母干活。父母并不拒绝佳佳帮忙，但是只要佳佳在学习，他们从不打扰他。佳佳很感激父母，学习之余，总是想方设法挤时间干活，也因此养成了高效做事、高效学习的习惯。佳佳的日记本里有这样一句话："为了供我读书，一天天老去的爸爸妈妈还要为生计忙碌，实在太辛苦了。我一定要努力读书，争取早日用优异的成绩和成功的事业来回报他们！"

其实，家长的陪伴不仅能让孩子感受到爱和关怀，还能让孩子在学习和生活中更得心应手。

在美国，曾经有人研究过哪些因素能促使孩子在学习能力倾向测试上得高分。结果，智商、社会地位、经济条件都不及一个更微妙的因素重要，那就是得高分的孩子都经常与父母一起吃晚饭。

可见，家长的陪伴对孩子来说是非常重要的，是任何东西都不能代替的。所以，为了孩子幸福、健康地成长，家长再忙也应该多抽时间陪陪孩子，多关爱孩子，以弥补平时因工作忙而与孩子沟通少的遗憾。千万不要为了满足孩子的物质需求而舍本逐末，忽视对孩子的陪伴，让孩子产生心灵上的不满足！

● ● ●

拒绝别人戏弄孩子

日常生活中,亲友逗孩子是家长经常能遇到的事情。大人把孩子逗得出错,或者惊慌、害怕甚至哭泣,这种行为并非出于恶意,甚至还可能是出于对孩子的喜爱,对孩子来说却是一种残忍的行为。下面一幕可能很多人都不陌生:

朋友聚会上,男孩爸爸的朋友指着自己对孩子说:"叫哥哥!"男孩的爸爸笑着阻拦:"不能叫哥哥,叫伯伯!"

朋友却继续逗男孩:"不叫人,不懂礼貌,叫哥哥!"在这一声声的"叫哥哥""叫伯伯"中,男孩茫然失措。

只见那位朋友从兜里掏出个红包在男孩眼前晃了晃说:"叫哥哥,这个红包就是你的了。"

男孩不知道是叫眼前的男人"伯伯"好,还是"哥哥"好,迟疑着不吭声,也不伸手接红包。那位朋友作势要把红包收起来,还说:"不叫人呐,那这个红包可不能给你了。"

男孩还是不说话。这时,旁边的一位阿姨笑着说:"这孩子可真胆小,一直不开口。"

男士们忙着喝酒去了,刚才那位阿姨来到男孩身边,问男孩:"你是男孩还是女孩?看你一直不说话,我猜你是女孩。"本来情绪缓和了一些的男孩听到有人乱说自己的性别，更不高兴了，所以更不愿意回答。

那位阿姨却继续逗孩子："你不反驳啊，那你就是女孩啦！"男孩又着急又愤怒，但对着陌生的大人，又没有勇气去反抗和辩解，只好埋头趴在了妈妈腿上。

也许觉得这只是在开玩笑，也许因为不好意思制止，男孩的妈妈只是笑着看着这一切，并没有出言阻止。那位阿姨接着对男孩说："阿姨抱抱你，好不好？"

之前的捉弄让男孩对她一点好感都没有，又怎么肯让她抱自己呢？他缩在妈妈怀里，一直摇头。那位阿姨笑着说："你不同意啊？谁让你不开口拒绝呢，我非抱你不可！"边说边伸手假装要抱男孩。男孩终于"哇"的一声吓哭了，一桌大人却全笑了。

生活中，孩子可能遭遇类似的"逗"还有很多："你踢你爸爸一脚，我就给你买糖吃。""你妈妈给你生了小弟弟，以后只爱你弟弟，不爱你了。""你爸爸妈妈不要你了，要把你送给我，正好我家没女孩。走吧，跟我回家。"……

很多大人以为这样做很好玩，不过是逗得孩子急一下、哭一声，一笑就没事了，但是他们并没有意识到这些行为会给孩子幼小的心灵造成伤害。这种"逗"实际上是一种戏弄，是成人居高临下地利用孩子的幼稚而发出的无聊玩笑，对孩子来说毫无趣味，它只会让孩子感到愤怒、惶恐、不安、被欺骗、被羞辱，让他们的心灵受到伤害，变得是非不分、不敢相信别人。在捉弄中长大的孩子，很容易出现性格和品德方面的缺陷。

可让人痛心的是，有些家长并不能感受到孩子面对他人戏弄时内心的变化；而有些家长碍于情面，即使意识到了孩子不喜欢，也不好意思站出来制止；有些家长甚至还当着孩子的面替捉弄孩子的人做解释。没有及时得到家长的保护和支持，孩子可能会想：爸爸妈妈是不是不爱我了？进而对家长产生伤心失望甚至敌对的情绪。

那么，对待他人"逗"孩子的行为，该如何应对呢？

第一时间站出来保护孩子

当孩子被戏弄时，不要因碍于情面而保持沉默或者赔笑，更不要劝自己的孩子，或是去替那些逗孩子的人解释，而应该第一时间站出来保护孩子，让孩子感受到你的爱。

比如，你可以用平静的语气询问孩子的感受："宝贝，你不喜欢大家这样逗你是吗？"这会让孩子感觉到家长是理解自己的，他们不安的情绪也能得到安抚。

然后，你可以对孩子说："大家都是很喜欢你的，可能这种方式让你觉得不舒服了。如果他们换一种方式表达对你的喜爱，你能接受吗？"这既是在说给孩子听，让孩子知道大家对他并没有恶意，也是说给大人听，让他们明白孩子不喜欢大人用这种方式对待他。

说话的时候，家长要控制好情绪，不要用指责的语气。如果还是有人继续这种戏弄孩子的行为，就要果断制止了。必要时，可以带孩子暂时离开一会儿，先安抚孩子的情绪，事后再与朋友沟通。

鼓励孩子说出自己的真实想法

对于年龄大一些的、可以准确表达自己情绪的孩子，家长可以教孩子该如何面对别人的"逗"，鼓励孩子大胆说出自己的真实感受。

及时引导

如果有人说了一些容易误导孩子价值观的话,家长要及时引导,让孩子明白什么是对的,什么是错的。

● ● ●

Part
7

敏感期之外的敏感，
小心呵护孩子的内心

允许孩子发泄不良情绪

任何人都需要被理解,虽然孩子年纪还小,可是他也有他的苦恼,而且正因为他只是个孩子,有时甚至他连自己的苦恼是什么都无法清楚地表述出来,所以他会心情不好,出现某些"不正常"的情况,如闷闷不乐、大哭大闹、不合作、发脾气、不讲道理等,有时家长一见此情景就开始不耐烦,马上采取命令或呵斥的手段,试图制止孩子的"无理取闹"。

其实,在孩子每一个"不正常"的表现背后,都有一个正常的理由,他是在宣泄精神或身体上的创伤所引起的负面情绪,是在吸引大人的关注。因此,家长要及时观察孩子的神情举止,当孩子有"不正常"的表现时,一定要给予重视,倾听孩子的心声。

在以下三种情况下,一定要注意倾听孩子的心声。

当孩子哭泣时

孩子哭闹,多半是受了委屈或者某种欲望得不到满足,通常都是为了眼前的事情。有些家长一见孩子哭了就非常着急,一直问孩子怎么了,谁欺负他了;有些还会强行禁止孩子哭泣:"这么大了还哭,丢不丢人?""不许哭!""赶快闭嘴""又不是大事,犯得着哭嘛!"结果这一说,孩子有可能哭得更厉害,并且再也不愿意说什么了,家长只能在一边干着急。

孩子哭是很正常的事，如果家长希望孩子健康快乐地成长，就应该这样做：当孩子哭着回到家里时，你应当停下手边的事情，关切地看着他，但不要打断孩子的哭声，也不要责备他或者不停地抚慰他，要允许孩子畅快地哭。如果孩子一直哭而不说话，可以轻轻地把他搂在怀里，或者温柔地抚摸他的头，用充满爱意的目光注视着他，同时温和地鼓励他抬头望着你，感受你对他的爱。这种动作和表情可以向孩子表明，你已经做好准备倾听他的委屈了。

孩子哭的时候，情绪会随之放松。他在宣泄悲伤的过程中，能敏锐地感受到你的反应，这时，你对他的爱抚和关切会直接进入他的内心，使他觉得温暖和安全，他会说出自己最糟的感觉，随着诉说，那些令他不快的情绪就会渐渐消失，哭泣也会随之停止。

可可有一个急脾气的妈妈，每次可可只要哭着回到家里，妈妈就立刻问个没完没了，非要把原因问出来不可，可结果是孩子哭得更厉害了。这一天，可可放学回家，一进门就一边哭一边冲着妈妈大声嚷道："妈妈，我再也不去上学了！"奇怪的是，妈妈并没有开口问她为什么，而是招手让她走过来，示意她把事情的原委讲给她听。

可可虽然不知道这是为什么，但还是乖乖地走到妈妈身边，把头伏在妈妈的腿上，哭得更伤心了，边哭边诉说："今天本来轮到小池打扫教室的卫生，但老师误以为是我，因为教室的地板没扫干净，他把我批评了一顿！"

妈妈没有说话，只是轻轻地搂住了可可，抚摸着她的头发。可可也不再说什么，只是伤心地哭着。在妈妈的爱抚下，可可渐渐止住了哭泣。几分钟后，可可站了起来，擦了擦眼睛，像个没事儿人一样去看电视了。

原来妈妈得了咽喉炎,嗓子哑了,医生叫她少生气、不要说话。可可回家时,她刚吃完药,听到女儿的抱怨,本想问问这是为什么,但因嗓子痛说不出话,只好静静地听着孩子的哭诉。

以前为了止住孩子的哭声,她可是想尽了办法,结果也没有作用。然而这次自己什么都没有跟孩子说,孩子怎么这么快就变好了呢?妈妈百思不得其解。

其实,这就是"此时无声胜有声"的作用,一旦孩子通过哭泣宣泄出不良情绪之后,他就又可以正常地面对生活了。

当孩子恐惧时

怕黑、怕陌生人、怕妈妈离开自己、怕小动物……

恐惧是孩子成长过程中普遍存在的一种心理现象,对于家长来说,一定要理解孩子的恐惧情绪,并想办法帮助其排解这种情绪。有的家长直接忽略孩子的恐惧,甚至斥之为无稽之谈;有的家长为了锻炼孩子的胆量,明知道孩子害怕,偏要强迫他"迎难而上"。这些做法都是错误的。

正确的做法是:在孩子感到恐惧时,要接受并理解他的心情,然后轻轻地抱住他,用鼓励的眼神看着他,告诉他你就在他身边,不需要害怕。家长的声调一定要平静,并允许孩子挣扎、哭泣和发抖。这样,孩子便能摆脱恐惧情绪,并意识到父母是自己的坚强后盾,从感情上更加亲近父母。

当然,在孩子恢复常态之后,家长应该引导孩子以正确的态度面对令他感到恐惧的事情,让孩子静静观察、倾听和接触事物,进而不再产生恐惧的情绪。

当孩子愤怒时

很多家长认为,孩子小小年纪,在家里"寸功未立",没有资格发脾气,更没有资格愤怒,所以当孩子生气时,家长会更加生气。即使是孩子跟学校的老师和同学、伙伴生气,若回到家里还是余怒未消,家长也没有耐心去倾听。

实际上,愤怒的孩子表面看上去气势汹汹,但他的内心是惶恐不安的,发怒的时候,也往往是他们需要帮助的时候。此时,家长一定不要斥责他们,而是应该保持冷静。愤怒中的孩子可能对家长说一些极端之语,有时会对试图安慰自己的爸爸妈妈大喊大叫,诸如"我恨你!""你赶紧走,否则我更生气!"等话也比较常见,有时甚至对试图靠近自己的父母拳打脚踢。家长这时不要生气,不要不理不睬,一走了之。这样做,不利于孩子情绪的发泄,孩子会压抑自己的情绪,也会觉得家长不关心自己,情绪会变得更加糟糕。这时家长要努力靠近孩子,向他表明你要和他在一起,他对你很重要。

有些时候,愤怒中的孩子可能会试图避开家长,想要独处。这时,切不可听其自然,应该继续留下来,坚持接近他,让他感受到你想帮助他的意愿,同时也没有把他的话当作耳旁风。也就是说,如果孩子命令你"走开",你就说:"那好,我后退几步可以吧,但我真想过去跟你坐在一起。"当孩子发现自己虽然对爸爸妈妈态度不好,但是他们不仅没有计较,还这么关心自己时,他的情绪就会慢慢缓和下来。

家长看到孩子的情绪缓和了,就要试着引导孩子,让他把内心的怒气和不满发泄出来,听他说些什么,看他说的是否有道理,再看看自己能做些什么。

一定要记住,不要尝试和一个愤怒的孩子讲道理,否则就可能导致问题升级。家长只需要爱抚他，关注他，留在他身边，允许他发泄怒气。在孩子发泄了自己的情绪后，就能恢复平静，从而理智地面对自己还未解决的问题。

当然，孩子处于悲伤、恐惧、愤怒等负面情绪中时，接纳孩子的情绪，引导孩子把这种情绪发泄出来，并不意味着家长就认可了这些负面情绪，也不意味着家长就要纵容他以后可以这样做。允许孩子发泄不良情绪是为了帮助孩子摆脱负面情绪，使他恢复正常的思维能力，有足够的注意力来理解和接受成人的正确意见和建议，是一种从精神和感情上关怀孩子的重要方式。当孩子恢复常态后，要通过引导以培养孩子的情绪管理能力，使其形成健全的人格和健康的心理，让他成功地接受人生的挑战。

● ● ●

帮孩子克服"怨妇"心态

只有嘴巴停止表达负面思想,心灵才会产生快乐的念头。而抱怨只会让孩子的情绪阴沉不定,对生活不满,大大降低其幸福感。一个牢骚满腹、抱怨不停的孩子,即使外表再出色、成绩再优秀,他在外人眼中的形象也会大打折扣。这样的孩子,也往往会让周围的人退避三舍,这对其以后的生活和发展都非常不利。因此,一旦发现孩子有"怨妇"心态,务必要对孩子进行引导,帮助他们改掉抱怨的坏习惯。

那么,具体应该怎么做呢?

了解孩子爱抱怨的原因

面对喜欢抱怨的孩子,家长往往一概而论地加以批评,但"一棍子打死"并不是有效的解决方式。因为与简单的喜怒哀乐不同,抱怨里面可能蕴含着其他不同的情绪,如不满、失望、焦虑等。而孩子爱抱怨的原因主要有以下几种:情绪得不到宣泄、需求得不到满足、渴望他人的关注、缺少正面的鼓励和支持。

帮助孩子克服抱怨的习惯,家长首先要做的是了解孩子的真正想法,寻找孩子抱怨的原因。有些孩子可能并没有意识到自己有抱怨和挑剔的毛病,这就更需要家长的帮助。多与孩子进行沟通,多听听孩子的想法,站在孩子的角度换位思考。

妈妈发现，6岁的桃桃最近变得越来越挑剔了。爸爸妈妈带她去爷爷家，刚坐进车里她就开始抱怨怎么还不到。之后，每隔两三分钟她就要重复一遍。到了爷爷家，她先跑到厨房里巡视一圈，了解一下晚餐的菜谱，然后不情愿地说："怎么又有讨厌的洋葱？"在爷爷家住了两天，桃桃一看到来接自己的爸爸妈妈，小嘴就开始不停地抱怨爷爷把她的鞋带系得太紧了，奶奶梳小辫弄疼她了……可是，妈妈想要帮她重新系一下鞋带，她又说不用；想要帮她重新梳辫子，她也不让。

针对桃桃的这个情况，爸爸妈妈研究了一番，认为桃桃拒绝妈妈表明她并不是真的有需要，而她的抱怨只是一种情绪上的宣泄，为了让爸爸妈妈能多听她说说话。因为平时他们夫妻俩工作很忙，所以经常是爷爷奶奶照顾她，有时候老人对桃桃渴望被倾听的需求可能不太重视，所以就导致她一见到爸爸妈妈就说个不停，什么都说，哪怕是抱怨。

找到了桃桃爱抱怨的原因，爸爸妈妈每天尽量抽出一些时间来陪桃桃。渐渐地，桃桃又变回爱说爱笑的样子了。

爱抱怨的孩子总是挑剔别人，原因很可能是他们受了什么委屈或伤害。所以，家长试着和他们沟通以找出问题的症结，要比指责他们更有意义。

以身作则，对孩子表明态度

如果家长总爱发牢骚，孩子也会潜移默化地受到影响。想要孩子养成不抱怨的习惯，家长自身要积极乐观，要让孩子在没有抱怨的环境中成长。对于爱抱怨的孩子，要直截了当地告诉他们自己对其抱怨的看法和意见，让他们知道抱怨对解决问题没有任何意义，爱抱怨的人是不受欢迎的。

让孩子学会在抱怨之前先想想

抱怨的习惯一旦养成,就很容易影响一个人的一生。所以发现孩子出现负面情绪时,家长要及时纠正,可以告诉他们,在抱怨之前先想想:事情真有那么严重吗?除了抱怨就没有别的解决方法吗?久而久之,孩子牢骚满腹的情况也会慢慢消失。

此外,家长要让孩子意识到挑剔别人是错误的。比如,他挑剔家长衣服洗得不够干净,就不妨让他亲自动手体会一下什么叫"说比做要容易得多"。

● ● ●

去除孩子心中嫉妒的毒瘤

生活在充满竞争的年代,孩子有着或多或少的嫉妒心是很正常的。嫉妒心保持在一个合理的范围内,不但不会对他人构成伤害,反而能成为促进孩子向上的动力。但如果嫉妒心过强,就会影响孩子的正常生活,让孩子走向极端。强烈的嫉妒心既不利于个人的身心健康,也不利于人际关系的良性发展。所以,对于嫉妒心强的孩子,家长一定不能视而不见,听之任之。

那么,该怎样有效化解孩子的强烈嫉妒心呢?

因势利导,把孩子的嫉妒心转换成动力

期末考试,小强排在班级第七名,而好朋友小贝却得了第一名。"上个月数学测验,我还比他高 5 分呢!"小强不服气地对妈妈说。

"可小贝这次考试数学成绩反而比你高了 3 分,而且总成绩比你高 20 多分。这主要是因为你的英语成绩不够理想……"妈妈拿着试卷帮小强分析考试失分的原因。

"那有什么了不起的!学英语不就是靠词汇量吗?像他那样死记硬背,谁都能考好。"小强轻蔑地说。

"是啊,全靠花功夫。如果你能和小贝一样,把每个单词都掌握好,没准下次考试,你就是第一名了。"

听了妈妈的话,小强目光坚定地说:"等着瞧吧,下次考试第一名一定是我!"

小强明知自己学习英语不够努力,却说小贝成绩好靠的是死记硬背。可见,嫉妒心比较强的孩子往往不会承认别人比自己强,也不愿意听到别人在自己面前称赞其他人。不过,很多嫉妒心强的孩子都有一种不服输的精神,小强就是这样。小强妈妈无疑是利用了这一点,用激将法让他去学习小贝的长处,让他明白,有嫉妒别人的时间,还不如努力学习,提高成绩。

需要注意的是,在消解孩子的嫉妒心理时,家长应该多鼓励他们,尽量不用或少用责备或惩罚的词汇,尤其不能对孩子说"人家就是比你聪明,你还有什么可说的""何必嫉妒别人,是你自己没用"之类的话。因为这种话不但解决不了孩子的思想问题,还会让孩子产生更严重的嫉妒心理。

帮助孩子正确认识自己的长处和不足

孩子出现嫉妒心理,是因为不能全面地看待问题,不能正确评价自己和他人。所以在与孩子相处的过程中,家长要注意培养他们正确认识自我、看待他人的能力。

乐珊班里新转来一个女孩,不但长得可爱,性格开朗,成绩也很好。大家都喜欢和她做朋友。但乐珊很不喜欢这个新同学,因为在她没来之前,乐珊是同学心目中的"小公主",可现在大家都把注意力放在了新同学的身上。乐珊很不开心,甚至有些嫉妒新同学了。她把自己的烦恼告诉了妈妈。

听出女儿话里酸溜溜的嫉妒，妈妈对她说："她有她的优点，你也有你的优点呀。你们两个都很优秀，我想其他人也一定这样认为。不要因为别人在某个方面比自己强一点，就随意批评，这样会让人变得心胸狭窄。"听了妈妈的话，乐珊觉得有点不好意思。

后来，乐珊和那个女孩成了很好的朋友，两个人经常一起学习，互相帮助。乐珊很感谢妈妈当初的劝告，让自己没有错过这样一个知心的伙伴。

有些家长在教育孩子的时候常拿自己的孩子和别的孩子做比较："×××考试得了满分，你怎么就不能？""人家书法能得奖，你却连怎么拿毛笔都不知道！"……这种做法显然是不恰当的。因为嫉妒来自不如别人的自知，而对比不当只能点燃孩子心中的妒火。家长应该让孩子认识到，一个人不可能拥有所有的优势，要能够学习他人的长处，通过自己的努力弥补不足。正确引导孩子的价值观，防止孩子产生嫉妒心理，才是明智的做法。

● ● ●

让孩子正确看待"面子"问题，拒绝虚荣

每个学期的期末，灵灵都能获得"三好学生"的称号。很多同学都特别羡慕她。今年，她又毫无悬念地获奖了。颁奖大会上，校长在主席台上高声宣布了灵灵的名字。可是连喊了两次"田灵灵"，坐在下面的灵灵都是纹丝不动。待校长又提高音量，再一次喊到她的名字时，她才站起来，开心地跑去领奖了。

回到家，妈妈问灵灵为什么这么做。她振振有词地回答道："你没看到大家对我领奖已经无动于衷了吗？我得让全校师生和所有家长都听到我的名字，记住我！所以，我才故意等到校长喊第三遍的时候才去领奖。"

妈妈听了，惊讶不已。

灵灵小小年纪就如此看中"面子"，显然是虚荣心在作怪。从心理学角度来说，虚荣心是一种性格缺陷，是被扭曲了的自尊心。当自尊心受到损害、威胁，或自尊心过强时，都可能产生虚荣心。

英国剧作家、诗人莎士比亚曾经说过："爱好虚荣的人，是用一件富丽的外衣遮掩着一件丑陋的内衣。"被虚荣心严重影响的孩子，人生观和价值观都会扭曲，这对他们的健康成长极为不利。具体来说，虚荣心给孩子带来的危害主要有以下几点：

第一，造成不必要的浪费。虚荣心强的孩子更好"面子"，总是喜欢把自己与别的孩子相比较，凡事都要争个高低。看到别人买新衣服，自己也要买，而且要买更贵的；看到别人去旅游，也不考虑家庭的经济实力，一定非去不可。殊不知，这样打肿脸充胖子的行为，除了浪费金钱，毫无意义。

第二，和朋友的关系越来越疏远。虚荣心强的孩子待人处事突出自我，喜欢自吹自擂，甚至因为嫉妒而贬低别人以抬高自己。这样只能引起他人的反感和蔑视。久而久之，朋友也不愿意跟他来往了。

第三，阻碍学习进步。在学习上，虚荣心强的孩子不会踏踏实实地把精力放在努力提高成绩上，而是喜欢做表面文章，经常用弄虚作假、哗众取宠的方式赢得老师的赞扬。这样的虚假荣光带来的结果，只能是坑害自己、耽误学业。

第四，损害身心健康。虚荣心强的孩子往往容易自卑，特别在意别人对自己的评价，一旦自己的虚荣心得不到满足，或是遭受刺激和打击，自卑心理就会加重，甚至自暴自弃，陷入无法自拔的痛苦之中，使身心健康受到严重影响。

所以，对虚荣心较重的孩子，家长千万不能掉以轻心，应当采取必要的方法加以纠正。

帮助孩子树立正确的荣辱观

要让孩子对地位、荣誉、"面子"、得失有正确的认知和态度，要让他们明白：有荣誉感是值得肯定的；"面子"不可没有，但也不能强求；过分追求荣誉、显示自己，只能让人格变得扭曲……

客观评价孩子

有些家长误解了奖励教育的意义，不断掩盖孩子的缺点，将孩子的优点过分夸大,甚至对别的孩子妄加批判。孩子客观评价自己的能力本来就不强,如果围绕在身边的都是些溢美之词,就很容易让他们对自己产生错误的认识,认为自己什么都比别人强。这样的孩子只能听表扬,接受不了批评,更容忍不了别人超越自己。所以,家长评价孩子一定要客观,有优点要表扬,有缺点也要及时指正。

发现孩子虚荣要及时纠正

孩子从正常的虚荣心发展到过分的爱慕虚荣需要一个过程,其间会有很多明显的表现。比如,对自己的外貌越来越在意,对服装用品等开始挑剔,对家庭经济条件开始抱怨。发现孩子有这样的表现时,家长可以采用迂回战术,通过聊天,让孩子认识到即使家境一般,父母也很爱自己,而朋友更看重的是自己的人品。

培养孩子的诚信品质

用诚信对抗虚荣,是一个不错的办法。因为在虚荣心的驱使下,孩子往往会出现欺骗行为,如果孩子具有诚信的品质,那么当他们为了满足虚荣心而想要撒谎时,诚信的品质就会将撒谎的念头压制下去。这样一来,虚荣心也就被压制了。

此外,家长也要注意个人修养,不要一味地讲排场、摆阔气、搞"面子"工程。在教育孩子时,应以务实为基本原则,不把精力放在表面东西上。

别让孩子成为逃避责任的人

在教育孩子的过程中,对孩子责任感的培养是十分必要的。要教育孩子勇于对自己所做的事负责。不管事情的结果怎样,只要是孩子自己造成的结果,就要鼓励孩子敢做敢当,不逃避责任。只有这样做,才能让孩子认识到自己做事情不能随心所欲,也只有这样,孩子才会有更强的主人翁意识和责任感,将来才能真正有所作为。

放学了,小明带着沮丧的心情和学校里的一位叔叔一起回到家。平时都是小明自己一个人回家,这次却跟回来一位叔叔,小明的妈妈感到很奇怪。于是,她问这位叔叔是怎么回事。这位叔叔说,放学前按校规小朋友们要排队,可小明根本就不听话,总是跑来跑去的,结果不知怎么就和一个同学起了冲突。老师批评了他几句,他就哭了,还大声地对老师说:"不是我的错!我根本就没打他!"

这位叔叔向小明的妈妈说完这一切后,就告辞离开了。妈妈转身就拉着小明的手进了卧室。"到底是怎么回事?"妈妈看着两眼通红的儿子问道。

"我不小心和小刚撞了一下,结果他就使劲儿地推我。随后我就踢了他一脚,小刚哭了,然后老师就训了我一顿。"小明带着一脸委屈的表情接着说道,"本来就是他先推我的,还赖我!"

听到这里，妈妈基本上搞清楚了事情的来龙去脉。她温和地对小明说："难道你一点责任都没有吗？"

"没有！不是我的错！是他先推我的！"

"既然你这样说，那么我现在问你，如果你规规矩矩排队，不乱跑，能撞到小刚吗？如果你没有撞到小刚，小刚会推你吗？"小明低头不说话了。

"现在我再问你，你是一点责任都没有吗？你是个好孩子，我不想再多说什么了，但你要记住，逃避责任可不是男子汉的表现！遇事仔细想一想，为什么别人会这样对你，自己是不是做了什么不对的事情。"

最后，妈妈对小明说："遇到事情不要逃避，是自己的责任就是自己的责任，一定得学会对自己的行为负责！"

小明听了，羞愧地低下了头。

在这个故事中，妈妈把小明被老师批评的事情搞清楚后，对小明逃避责任的行为理智而恰当地进行了教育。在家庭教育中，应该教育孩子从小就对自己的行为负责，不要逃避责任。家长绝不能代替孩子为其行为承担责任，因为这样会淡化孩子的责任感。当发现孩子总喜欢把责任推给别人时，一定要引起重视，及时教导孩子意识到这一点，并帮助孩子培养起责任感，形成健全的人格。负责任的孩子才能够得到别人的尊敬，也只有这样的孩子才能够更快地成长。要让孩子懂得负责任，父母应该这样做：

让孩子学会关心父母

如果一个孩子对父母都不负责任，那么就不会对其他人负责任。

在平常教育孩子时，可以经常要求孩子为家长做点力所能及的事情，如倒杯水、帮忙洗菜、买点东西什么的。孩子一般对这种事情都很积极，也会很高兴地去做。在孩子完成这些事情后，家长要注意用适当的方式给予肯定和鼓励。孩子在自己的行为得到肯定时，就会更加积极地去做一些让家长感到高兴的事情。另外，也要教育孩子学会关心别人，善于用自己的方式表达对亲人、朋友、老师、同学的美好感情。这些也是培养孩子责任感的方式。

充分尊重和信任孩子

在教育孩子的过程中，越是信任孩子，孩子就越是有"小大人"的感觉和意识。尊重和信任孩子，可以让责任感在孩子的内心扎根萌芽。俗话说，穷人的孩子早当家。意思是说，在一般情况下，特别困难的生活条件更容易培养起孩子的责任意识。当家就是承担家庭责任的突出表现。因此，对于生活条件好的家庭来说，不要让孩子养尊处优，要有意识地让他们知道生活的艰辛，要让孩子学会尊重父母的劳动，懂得珍惜幸福的生活。

让孩子知道有些事情必须自己完成

要让孩子知道，对别人负责是建立在对自己负责的基础之上的。家长对孩子的最起码要求应该是把自己的事情做好，如让孩子自己收拾书包、文具，出门时注意穿着等。如果孩子因为自己不负责任的态度和行为导致了不良后果，那么必须让他们自己面对，必要时再给予协助。

●●●

告别悲观，让孩子向阳生长

小叶学习成绩一直很好，还是班里的学习委员。可最近一段时间，小叶心中时常萦绕着一种难以述说的苦闷感，他想找朋友倾诉，却实在说不清自己究竟为什么会这样。为了排解这种苦闷情绪，他试着和家人去看电影、听音乐会，可回到家中，还是觉得一切索然无味。

最近，他遇到一点小事就会伤春悲秋一番，太阳出来了怕阴天，阴天的时候又怕太阳不出来。渐渐地，他对生活越来越迷惘，总觉得一切都不顺心，即使遇到高兴事，也兴奋不起来。他的睡眠状态也越来越糟糕，经常做噩梦，胃口也很不好。有时候悲观起来，他甚至想要用寻死的方法获得解脱。他很清楚，如果一直持续这种状态，会伤害身体，影响学习，却又找不到解脱之法……

显然，小叶是被悲观、忧郁的情绪缠上了。一般来说，性格内向、孤僻、依赖性强的人都比较容易受到悲观、忧郁情绪的困扰。对于大多数人而言，这种情绪只是偶尔出现，很快就会消失。但也有人会经常性地陷入这种状态中不能自拔。无论是大人还是孩子，长期被悲观情绪所困扰，危害是极大的。因为悲观的人是看不见阳光的，他们只会蜷缩在忧郁的阴影里，悲凄戚戚地活着，对未来没有信心也没有希望。更有甚者，觉得活着都是一种痛苦，唯有死亡才是解脱。

所以，相信没有人愿意自己的孩子是个悲观者，谁都希望自己的孩子能乐观、阳光地活着。那么，该如何培养孩子形成乐观向上的性格，让他们免受悲观、忧郁情绪的困扰呢？

为孩子创造良好的家庭氛围

家庭气氛、家庭成员之间的关系会在很大程度上影响孩子性格的形成。所以，应该为孩子创造一个快乐、和谐、平等的家庭氛围，让孩子养成积极乐观的心态，使其健康快乐地成长。

让孩子学会摆脱困境

即便是天性乐观的人，也不可能事事称心如意、永远快乐无忧。所以，要让孩子保持一颗平常心，在平静的心态下坦然面对成功和失败、喜悦和悲伤；还要从小培养孩子应对困境的能力，如果困境一时无法摆脱，要让孩子学会忍耐，或是寻求其他精神寄托。

适时转移孩子的注意力

有时候，孩子有了悲观情绪，是不会轻易表达或者无法表达自己的心境的。这时，家长要想办法转移他们的注意力。比如，同孩子一起谈论他们感兴趣的事，或是带孩子出去转转，分散其注意力，让他们在获得新乐趣的同时忘掉过去的不愉快。而孩子见多识广以后，心胸自然开阔，悲观的情绪也就不容易产生了。

让孩子体会成就感带来的快乐

对每个人来说，最能够带来愉悦情绪的，莫过于完成任务后产生的满足感和自豪感了。所以，家长应经常引导孩子完成力所能及的任务，让他们体验成功带来的快乐，这不仅能赶走悲观情绪，而且有助于孩子自信心的养成。

鼓励孩子多与人交往

家长要为孩子创造与同龄人交往的机会，如邀请孩子的同学来家里做客，带孩子去朋友家串门；还可以带孩子参加一些他们感兴趣的活动，让孩子在与同伴做游戏的过程中获得乐趣。这对转变孩子的孤僻性格、培养孩子活泼开朗的性格大有好处。

鼓励孩子多运动

科学研究发现，运动能促进人体新陈代谢，有助于排解负面情绪，让人产生积极的心理感受。所以，也可以根据孩子的具体情况，为他们选择一些适宜的体育锻炼项目。

● ● ●

让孩子感受到自信的力量

自信会对人们做事的动机、态度以及行为产生很大影响。孩子的自信心通常在他们 3 ~ 4 岁的时候就已经萌芽了。一般来说，自信心强的孩子比较乐观，自我感觉良好，喜欢同他人交往，乐于追求新的事物；缺乏自信心的孩子则比较悲观，往往表现得比较被动、抑郁与孤独。为了培养出自信心十足的孩子，家长一定要做到以下几点：

正确对待孩子取得的荣誉

有些家长为了不让孩子产生骄傲自满的情绪，尽管心里对孩子在某方面的出色表现非常高兴，却在表面上对孩子取得的荣誉表现得很漠然，一副不欣赏、不珍惜的态度。须知，家长对待孩子取得的荣誉，过多张扬不可取，但不当回事甚至加以贬低，更不可取。

家里来了客人。吃饭的时候，爸爸顺手将龙龙新得的奖状放在餐桌上，垫了汤锅。龙龙看到后气红了脸，吵着让爸爸把奖状拿出来。妈妈见了，在一旁说："进步奖算什么，三好学生的奖状才够好。你拿回那个来才算光荣。"

客人见状急忙劝解，没想到，这反而勾起了夫妻俩的满腹心事，话题马上转移到龙龙身上，说他如何不争气，只关心吃穿，完全不把心思放在学习上等。听到这些,龙龙再也控制不住,跑回自己的房间伤心地哭了起来……

故事中龙龙父母对"进步奖"的漠视,显然是不对的。孩子都渴望得到认可,如果家长不能满足孩子的这种需求,他们就很难进行积极的自我评价,更谈不上建立自信心了。

所以,聪明的家长不会轻看孩子取得的任何一点荣誉,相反,他们还会以此为契机,鼓励孩子争取更大的进步。

经常对孩子说"你能行"

一个女孩曾这样对朋友抱怨:"我想学做菜,我妈妈说'你不行,会切着手的';我想学骑自行车,我妈妈又说'你不行,会摔着的';我想学游泳,我妈妈还是说'你不行,你身体弱,下水会淹着的'……不行,不行,我什么时候才能行? 妈妈居然用'你是个女孩'来回答我!"

其实,生活中像女孩妈妈一样的家长并不少见,孩子大声唱着时下流行的歌曲,妈妈不耐烦地说:"哎呀!不要再唱了,难听死了!"孩子拿回90分的卷子让家长签字,爸爸吼道:"才90分,怎么搞的?"孩子主动帮忙洗碗,奶奶忙说:"别给我帮倒忙啦,快看书去吧!"……

殊不知,家长总是对孩子说"你不行",慢慢地,孩子就会把自己定位在弱者上,觉得自己什么都做不好,只会让家人失望,从此渐渐失去自信。事实上,怎样让孩子"能行",是所有家长都关心的问题,但家长对孩子说"你不行"的次数要比说"你能行"的次数多得多。

作为家长，一定要改变这种会影响孩子的负面意识和行为，要经常向孩子发出"你能行，你一定行"的正面信息，让孩子相信自己的能力，让孩子感受到来自家长的理解和支持，哪怕他们最后失败了，也要告诉他们："敢于尝试就是好样的！"这样，孩子内心会产生巨大的力量，做出让家长惊叹的成绩来。

让孩子正确对待他人的评价

接纳并喜欢自己，是一个人建立自信和勇气的前提。孩子只有接纳自己，坦然接受自己的全部，才能在人生的路上勇往直前、无所畏惧。但年幼的孩子生活经验少，理性思维水平还比较低，所以在评价自己的时候经常带有不定的情绪，很容易受他人言谈和表情的暗示，对自己一会儿肯定，一会儿又否定，自信心易受外界的影响而动摇。这时就需要家长的帮助了，家长要引导他们正确对待他人的评价，客观认识自己。

小米一直长得胖胖的，开始她还觉得自己很可爱，可是渐渐长大后，她对自己越来越不满意。她怕称体重，也害怕过夏天。即使在三伏天，她也因为不想让别人笑话自己腿粗而宁愿穿长裤。

小米的妈妈意识到了这点，找来了小米在幼儿园演出时获奖的照片给她看，并且说道："从小你就不是个瘦孩子，可是你活泼可爱，又很爱学新东西，所以大家都觉得你很可爱。"

一天，妈妈和小米一起看电视。妈妈问她："你长大了想做什么呢？"小米说："我想做主持人。"妈妈听了，马上说："那很好啊。"从那以后，每当电视里播放某个女主持人的节目时，妈妈都会对小米讲："你看人家也不瘦啊，可是多自信呀。比起外表，气质才是最重要的！"

小米妈妈的做法非常值得家长们学习。可见，聪明的家长不仅会让孩子正确对待别人的评价，也会对孩子经常进行正面评价，让孩子从小就树立起"自己不比任何人差"的信念。

需要一提的是，有时孩子会因暂时的失败而将自己的优点忘在脑后。这时，家长就要借助孩子的其他优势来激励他们，因为在某一领域里的优势能够帮助孩子更好地面对来自其他方面的挫败。

所以，当孩子面对失败时，要适时提醒孩子他们还有其他优势，借此来激发他们的信心。

● ● ●

赋予孩子积极的进取精神

我们并不鼓吹孩子一定要多优秀,但处在竞争激烈的社会中,一点儿进取心都没有也是不现实的。因为这关系着孩子能否在残酷的社会竞争中生存下去,关系着孩子是否拥有强大的内心以面对将来可能遇到的各种困难。

有进取心的孩子,做事充满了动力和自觉性,能够发挥出自身的潜能。即使不够聪明,他们也能够持之以恒,最终取得成功。所以,聪明的家长不仅能发现和保护孩子的进取心,还善于激发和调动孩子的进取心,鼓励孩子不断向更高的目标前进。

那么,到底怎么做才能避免孩子"不思进取"呢?

要适时地表达自己对孩子的期望

家长要学会用自己的言谈举止影响孩子,让孩子既受到鼓舞,又知道自己该朝着什么方向努力和发展。孩子过生日、入学、升学等都是很好的机会,可以利用这些时机祝贺孩子,向孩子灌输"你长大了,成大孩子了"的思想,同时提出新的希望。这会在孩子心中植入一种奇妙的感觉,让他们对自己提出一些新要求,并愿意努力做好。

在孩子心里树立学习的榜样

榜样的力量是无穷的。孩子小的时候,妈妈可以多给他们讲一些成功人士的励志故事。当孩子能自己阅读时,可以引导他们多读一些名人传记。这会让他们从内心深处渴望成为一个了不起的人。榜样并不局限于那些大人物,也可以是孩子身边的人,熟悉的人对孩子的影响会比伟人、名人的影响更具体、更实际。当然,家长要注意自己的方式方法,不要因为错误的比较让孩子产生逆反心理。

帮孩子树立切合实际的理想

理想能激发人的想象力和创造力,充分挖掘人的潜能。对有理想的孩子来说,理想就像个召唤者,时刻不停地提醒孩子,要明确前进的方向。它也是身处困境中的孩子必不可少的精神支柱。作为家长,不能只关注孩子的衣食住行和学业,帮孩子树立远大的人生理想也是不可缺少的一项任务。

需要注意的是,孩子不同于成年人,不懂得把理想划分为短期、长期目标,不知道该如何将大目标与小目标结合起来,而凭着一时冲动定下了脱离实际的理想,到头来很可能没有丝毫用处。家长要随时为孩子指正方向,帮助他们根据年龄阶段树立自己的理想。

幼儿期的孩子还谈不上理想,但要让他们充满自信;小学阶段的孩子理想飘忽不定,要找到孩子的兴趣点,发现他们的优势,强化他们的理想;中学阶段的孩子理想逐渐稳定下来,却又很可能不切实际,要帮孩子制订具体可操作的实施计划,让他们逐步向理想迈进。

● ● ●